만화 지장보살본원경

내가 이제
지장보살 위신력을 보니

항하사겁 설하여도
다 말할 수 없네

잠시동안 보고 듣고
우러러 예배하여도

인간과 천상에
그 이익 한량 없으리라
-석가 세존

머리말

　모든 사람들에게 불교를 알리고 깨달음의 계기를 마련해 주고자 지장경이라는 성서를 특별히 만화로 보는 지장경으로 펴냈습니다.
　특히, 지장경은 정보화 사회, 물질문명이 발달한 사회일수록 우리에게 꼭 필요한 경전이라 확신하며, 물질만능주의에 빠져 윤리도덕이 땅에 떨어지는 수모를 겪고 있는 지금의 문명시대에 만화로 보는 지장경을 널리 읽도록 하여 큰 경종을 울리고 싶은 것이 납자의 소망이자 책에 거는 기대입니다.
　영상매체와 시각적인 교육문화에 익숙해져 있는 현대사회에 이해하기 쉽고 재미를 더해 볼 수 있도록 컬러 만화로 꾸며, 일반인과 불자들에게 불교문화에 한 발 더 다가갈수 있도록 지장경을 만들었습니다. 경전내용을 만화라는 장르로 다루다보니 불가피하게 변형이 된 것도 있지만 될 수 있으면 경전내용을 충실히 전달 하려고 노력 하였습니다.
　끝으로 컬러만화 지장경의 토대가 된 만화로 보는 지장경의 제작을 위해 힘썼던 상좌 현중의 노고를 치하함과 아울러 도움을 주신 벽개보광, 선덕행, 무명, 원선등 불자와 컬러만화 지장경의 제작을 위해 수고와 도움을 주신 많은 분들과 박진목 사장님과 편집부 직원들에게 감사드리며 만화로 보는 지장경이 온 가족이 함께 할 수 있는 매체가 되기를 간절히 바랍니다.
　모든 불자와 이 책을 대하는 분들의 성불을 기원합니다.

　　　　　　　　　　　　　　　　　　불기 2545년
　　　　　　　　　　　　　　　　　서울 우이동 보광사
　　　　　　　　　　　　　　　　　조실 南山 正日

- 번뇌망상에 사는
상태 업감연기(業感緣起)). -요랬다
저랬다 하는 생각을 마음으로 착각하고 사는
상태. -실상이 아닌것을 사실이라고 고집, 집착하
는 버릇(전도몽상). -헛깨비같이 없는 것을 있다고
생각하며 집착하는 것 (환, 우상숭배, 꼭두각시등).
-마음이 자신의 몸 속에 있다고 희미하게 믿고 사는
상태(미신, 귀신굴, 관념의 포로). -요랬다
저랬다 하는 생각을 통일하여 생기는 힘을
도(道)라 착각하여 남을 홀리는 무리.

전도몽상,
환(幻),
우상숭배,
꼭두각시,
허공꽃,
미신,
귀신굴,
관념의 포로,
요술도,
외도.

관상, 골상, 피의 구조, 소리, 냄새,
세포의 인자에 이르기까지 번뇌망상에 의해 자신
스스로 지은 업보의 산물로 결국 자작자수(自作自受)
에 의해 윤회의 고통을 받는 세계.

초월세계 ⬇

- 일체번뇌가 없는 경지.
진여연기(眞如緣起) -전도몽상에서
벗어난 경지. -관념을 초월한 경지.
-멍텅구리,우상숭배,미신을 타파한 경지.
-귀신굴에서 나온 경지.
-미친 생각을 마음으로 삼고 사는 상태에서
벗어난 경지.
-외도와 요술도에 속지 않는 경지.

사제와
팔정도의
구경, 참되고
바른 도,
진리, 대각
(大覺), 성불, 중
도, 열반, 원각,
해탈, 금강심,
자성불,
자아완성.

부모에게 효하며 부부지간에
오손도손 살며 자식을 바르게 기를 수 있는
진정한 삶의 가치와 행복의 원천으로
본 마음바탕.

※지장경에 인과법칙(因果法則)과 자작자수 내용이 나타내어져 있다.
그러므로 이 요약 내용을 열 번 읽고 만화 지장경을 한 번 보면 지장경을
백 번 읽는 효과가 있다.

* **지장탱** : 중앙 원 안에는 지장삼존을 모시고 원 좌우, 상하 두 줄로 시왕이 있고, 원 둘레에는 석류를 비롯한 지물을 지닌 동자, 동녀가 각각 배치되어 있다. 하단은 판관, 녹사, 우두와 마두나찰, 사자 등이 위, 아래 두 줄로 대칭을 이루며 벌려 서있다.

차 례

 1품 : 도리천궁에서 신통을 보이시다.
 2품 : 분신들이 법회에 모이시다.
 3품 : 사람들의 업연을 살피시다.
 4품 : 지은 업만큼 받는 것을 말씀하시다.
 5품 : 지옥의 이름을 말씀하시다.
 6품 : 부처님께서 찬탄하시다.
 7품 : 우리 모두를 이익 있게 하시다.
 8품 : 염라왕의 무리를 칭찬하시다.
 9품 : 부처님 명호에 공덕이 있다.
10품 : 보시공덕을 말씀하시다.
11품 : 지신이 불법을 옹호하다.
12품 : 보고 듣는 것으로도 이익이 있다.
13품 : 사람과 하늘을 부촉하시다.

등장인물

부처님 - 석가모니는 불교의 개종조(開宗祖)이시다. 부처님의 성은 고타마(Gotama), 이름은 싯다르타(Siddharth)이시며, '부처님' 이란 인도의 옛말 붓다에서 온 것으로 '깨달은 이' '진리에 눈 뜬 이' 또한 '진리의 체현자' 라는 의미로 여래(如來)라 하며 존칭으로 '세존(世尊)'으로 불리어 지고 '석가모니' 는 부처님의 출신 부족인 샤카족(釋迦族) 출신의 성자라는 뜻이다. 만화 지장경은 도리천궁에서 어머니 마야부인을 위하여 설하신 경으로 거기에는 많은 하늘 위, 하늘 아래 모든 우주 세계로 부터 모여든 불, 보살, 천용, 귀신, 온갖 무리들에게 설법과 법문을 통해 지장보살의 근본인연과 중생들의 업보(業報)와 보시공덕을 말씀하시고 우리 모두에게 이익있게 하는 일과 중생제도 방편에 대해 말씀하셨고 석가모니부처님께서 지장보살의 중생구제의 위신력과 서원은 불가사의 하다라고 찬탄(讚嘆) 하신다.

큰 스님 - 덕이 높고 끝없는 수행으로 부처님의 가르침을 만화에 등장하는 부광동자와 슝이를 통해 삼악도(三惡道)의 고뇌와 과거, 현재, 미래 즉 삼세(三世)의 생사를 넘나들며 고통받는 중생들을 위해 부처님의 대자대비하신 깨달음의 진리를 알리고 바른 길로 인도하여 주시는 큰 스님이시다.

지장보살 - 만화 지장경의 주인공이시며 석가모니 부처님에게 부촉(咐囑)을 받고 그의 입적(入寂)후 미래불인 미륵부처님이 출현하시기 전까지 육도(六道)에서 윤회(輪廻)하는 중생들을 제도(濟度)하는 부처화현이신 권 보살님으로 성불하신 분이다. '모든 육도 중생을 빠짐없이 성불시킨 뒤 제 자신은 불도를 이루리라.' 하시고 '오랜 겁을 보살로 계시다.' 라는 뜻은 깨닫고 보니 그대로 부처로, 즉 다시 깨달아야 할 일이 없는 경지를 계합, 중생제도의 방편으로 중생의 분별로 헤아리는 부처님으로 대접을 받지 않겠다는 크나 큰 원력(願力)을 말한다. 중생구제의 방편으로 중생들로 하여금 참회(懺悔)케 하고 인과법을 깨닫도록 하여 결국은 성불 할 수 있도록 인도하는 분이시다.

"어찌 성불하지 않고서 어떻게 성불방편을 놓을 수 있겠습니까?"

*권 보살이라?
부처님 화현으로써 부처님 실력을 다 갖추시고 중생 교화 방편으로 보살로 나투시는 분으로 문수, 보현, 관세음, 대세지, 지장, 금강장보살 등등 많은 보살님들이 계시다.

부광동자 - 지장경을 진행하며 이끌어가는 신출귀몰한 동자로 부처님의 말씀과 불자로써 넓고 깊은 진리 탐구를 위하여 인간세상, 하늘나라 도리천궁, 사후에 업에 따라 죄과를 받고 있는 지옥을 마음대로 오고가며 바르게 삶을 살아가도록 인도하는 동자이다.

숭이 - 불교에 귀의하여 부광동자와 같이 다니며 불교의 깊은 이해와 호기심으로 진리추구를 위하여 부광동자와 끝까지 동행하는 친구이다.

*지장(地藏, ksitigrbha)은 크시티가르바로 크시티(ksiti)는 땅을 의미하며 가르바(grbha)는 태(胎) 또는 아기의 잉태를 뜻한다. 이 것은 곧 땅이 만물을 길러내는 모체이며 평등하게 자라게 하고 성취시키는 힘을 가지고 있음을 뜻하며 존재를 의미한다.

*지장보살님은 다른 보살님들과 달리 성문(聲聞), 승형(僧形), 비구의 형상으로 묘사되며, 두건(頭巾)을 쓰기도 한다. 손에는 육도를 상징하는 육환장(六環杖)을 짚고, 보주(寶珠)를 손에 든 형상으로 묘사되기도 한다.

만화지장경에서는 '지장보살님'을 두건을 쓰신 보살님 형상으로 나타내어 내용을 진행하였다.

제1품 도리천궁(忉利天宮)에서 신통(神通)을 보이시다.

마야부인은 싯다르타 태자를 낳으신지 7일만에 세상을 떠났다.
그리고 도리천궁에 가 계셨다.
싯다르타 태자는 출가해서 정등각(正等覺)을 이뤄, 부처님이 되신 후 도리천궁으로 올라가서 어머니 마야부인을 위해 설법하셨다. 그때 동, 서, 남, 북, 동북, 동남, 서북, 서남, 위, 아래에 있는 우주의 무수한 세계로부터 불, 보살, 하늘사람, 귀신들까지 찾아와 설법을 들었다.
'도리천궁신통품'은 부처님께서 문수보살에게 들려주신 법문으로 그 자리에 참석한 지장보살의 근본인연을 말씀하신 부분이다.

만화 지장경

히야~ 이 향기~

이 향기는 어디서 나는 향기일까?

빙그르르르

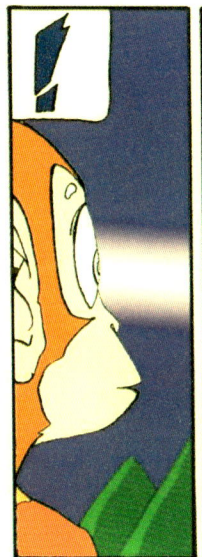

타-다닥

앗! 미묘한 음성은 어디에서 들려오는 소릴까?

두리번 두리번

만화 지장경

이때 부처님께서는 미소를 띠시며 백 천 억의 큰 광명구름을 놓으시니 대원만, 대자비, 대지혜, 대반야, 대삼매, 대길상, 대복덕, 대공덕, 대귀의, 대찬탄광명 구름이었다.

그리고는 다시 말할 수 없는 미묘한 음성을 내시니 보시바라밀음, 지계바라밀음, 인욕바라밀음, 정진바라밀음, 선정바라밀음, 지혜바라밀음, 자비음, 희사음, 해탈음, 무루음, 지혜음, 대지혜음, 사자음, 대사자음, 운뢰음, 대운뢰음을 내시었다.

그러자 사바세계와 다른 나라에 있는 도저히 헤아릴 수 없는 많은 나라, 하늘(사천왕천, 도리천, 수염마천, 도솔타천, 화음천, 서정천, 무량정천, 변정천, 복생천, 복애천, 엄식천, 선견천, 선현천, 마혜수라천, 타화자재천, 비상비비상천)등 사람들과 용,귀신 무리등이 모두 법회에 모여들었다.

또한 사바세계와 다른 나라에 있는 여러 신들, 해신, 달신, 바다신, 강신, 물신, 불신, 산신, 땅신, 음식신, 토목신, 허공신, 하늘신 등이며

그 뿐만 아니라 악독귀왕, 담혈귀, 담정기, 담태란, 해병, 섭독, 자심, 복리, 대애경귀왕 등도 법회에 모여 들었다.

*대철위산-염부제의 남쪽 끝으로부터 300,060,663유순(由旬)의 곳에 있는 쇠로된 산.

1. 사왕천, 수미산 중턱 해발 4만 유순 지점
2. 도리천, 수미산 꼭대기에 있음, 8만 유순 지점
3. 야마천, 수미산 위 공간에 있음. 지구에서 16만 유순 지점.
4. 도솔천, 수미산 꼭대기에서 12만 유순 공간에 있음.
5. 화락천, 도솔천 위에 있음.
6. 타화자재천, 6천 세계 가운데 제일 높은 곳에 있음.
*1유순=40리

1세계가 천 개 있는 것을 1소천 세계라 하고, 1소천 세계가 천 개 있는 것을 1중천 세계라 하지...

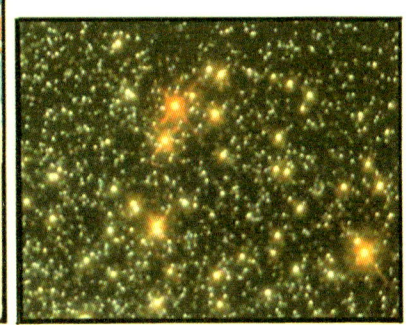

그럼 1중천 세계가 천 개 있는 것을 1대천 세계라 하겠군요.

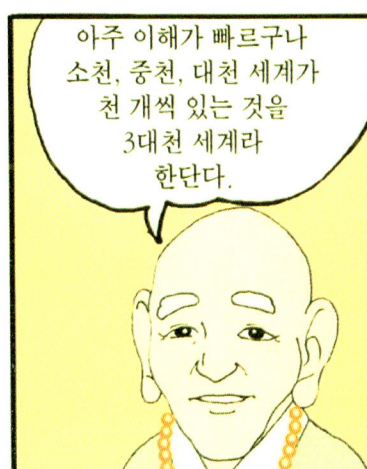

아주 이해가 빠르구나 소천, 중천, 대천 세계가 천 개씩 있는 것을 3대천 세계라 한단다.

그럼 도리천궁은요?

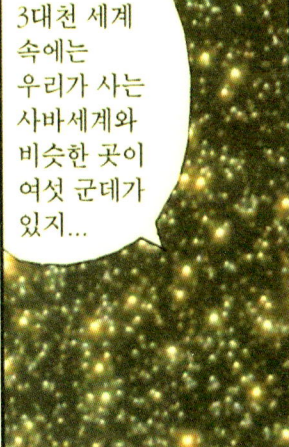

3대천 세계 속에는 우리가 사는 사바세계와 비슷한 곳이 여섯 군데가 있지...

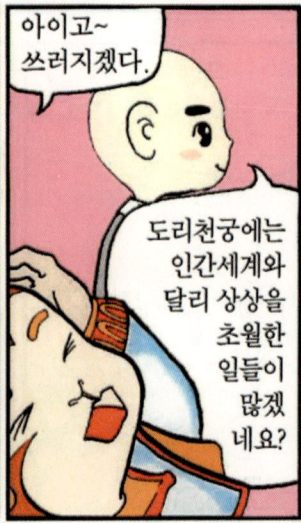

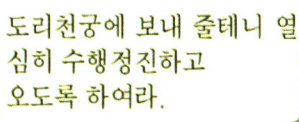

도리천궁에는 불, 보살과 사바세계의 온갖 헤아릴 수 없는 많은 하늘사람, 용, 귀신, 귀왕 등 많은 중생들이 부처님 설법을 듣기 위하여 모여들었다.

헤아릴 수 없이 많사옵니다.

지장보살이 십지과위를 증득한 이래 교화한 자의 수가 이보다 천 배나 많으니라. 그런데 성문, 벽지불 지위에 있는 동안이랴...?

십지과위가 뭐야?

보살들이 깨달아 가는 단계야. 52단계까지 있지.

십지과위(十地果位)란 보살들이 수행하여 부처를 이루기까지 52계위를 말한다. 10신(十信), 10주(十主), 10행(十行), 10회향(十廻向), 10지(十地)의 각 50계위와 등각(等覺,) 묘각(妙覺) 2계위를 포함해 52계위다.
십지에도 열가지 이름이 있다.
1)환이지, 2)이구지, 3)발광지, 4)연혜지, 5)난승지 6)현전지, 7)원행지, 8)부동지, 9)선혜지, 10)법운지가 그것이며, 십지에 오른 보살들은 신통자재한 능력을 갖고 있으며 중후하고 관대한 덕이 갖춰져 대지(大地)와 같다 하여 '십지' 라는 이름을 붙였다.
십지과위의 41계위 부터 50계위까지는 움직이지 않고도 생명이 있는 것들의 고통을 다 알아서 벗어나게 해주고 이익되게 해주는 능력이 있다고 한다.

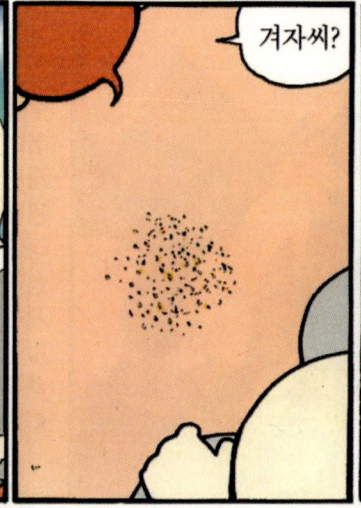

실로 장하기 그지 없습니다. 각화정자재왕 부처님 수명이 4백 천 만 억 아승지 겁이라 들었습니다. 사실이 그러하온지요?

어찌 그것 뿐이겠느냐? 과거 아승지 겁에 각화정자재왕부처님이 계셨느니라.

*아승지겁-수로 표현할 수 없는 가장 많은 수

그 때 각화정자재왕부처님이 계셨던 상법(像法)시대에 지장보살은 어느 바라문의 딸이었느니라.

전전 세상에서부터 닦은 복이 매우 깊고 두터워 모든 사람들의 존경과 흠모를 받았을 뿐만 아니라 하늘도 항상 바라문의 딸 성녀를 옹호했느니라.

그런데 그 어머니는 삿된 도를 믿고 삼보를 업신여겼느니라.

휘이
딸랑 딸랑
비나이다 비나이다.

삼보(三寶)가 뭐야?

첫째 부처님, 둘째 부처님의 가르침, 셋째 부처님의 가르침을 따르는 스님들을 말하는 거야.

그럼 큰스님도 삼보겠네.
물론이지 ......

두말하면 잔소리다 그말이지? 그런데 성녀의 어머니가 삼보를 어떻게 업신여겼다는 거야?

한편, 성녀의 어머니는 판관 앞에 나아가 자신의 생시행업에 대해 재판을 받고 있다.

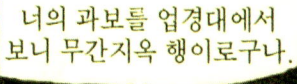

성녀는 인과를 믿지 않고 함부로 악업을 일삼는 어머니가 그 과보로 지옥으로 갔을거라고 생각했다.

그리하여 성녀는 재산을 정리하여 어머니를 구원하기 위하여 길을 떠났다.

성녀는 각종 공양구, 향, 꽃을 준비하여 사찰로 찾아 간다.

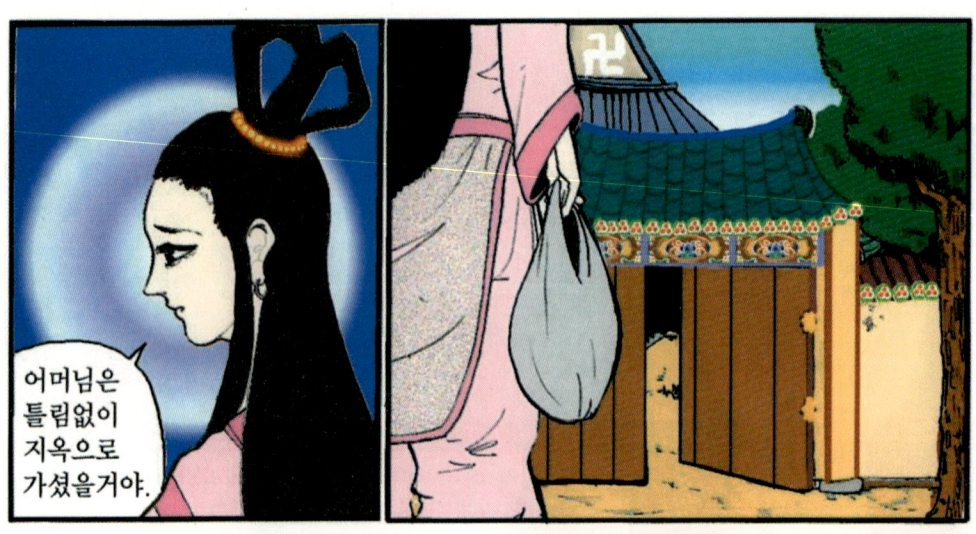

어머님은 틀림없이 지옥으로 가셨을거야.

부처님은 대각이시니 모든 지혜를 갖추셨습니다. 부처님, 저희 어머님이 가신 곳을 알고 계시겠지요. 가르쳐 주옵소서. 저의 어머님 계신 곳을...

흑..흑...

앗!

너무 슬퍼 말라. 내 이제 네 어머니가 있는 곳을 알려 주리라.

무간지옥 참상은 말로 형용할 수 없는 천만가지의 악독한 방법으로 벌을 받고 있어 차마 눈뜨고 볼 수 없었다.

나무각화정자재왕여래
나무각화정자재왕여래
나무각화정자재왕여래
……

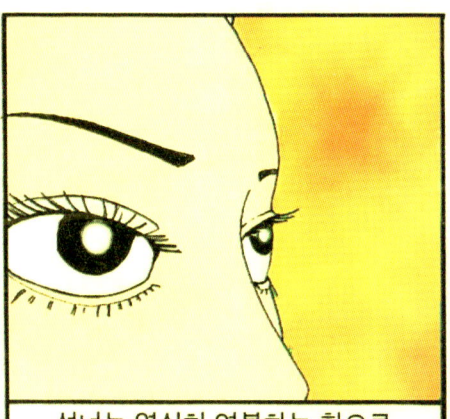

성녀는 열심히 염불하는 힘으로 무간지옥의 처참하고 두려운 장면을 이겨낸다.

그때, 무독귀왕이 나타나 성녀에게 말한다.

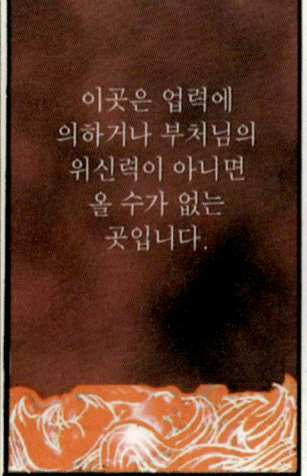

살아서 착한 일을 하지 않거나, 죽은지 49일이 지나도록 저들을 위해 공덕을 빌어 고난을 구원해 주는 이가 없으면 그 업에 따라 지옥으로 가게 되는데 첫번째로 저 바다를 건너가야 합니다.

무독귀왕이시여, 저 물은 왜 끓어 오르며, 저 사람들과 짐승들은 무엇입니까?

저 사람들은 사바세계에서 악한 일을 저지른 자들입니다.

이 바다 동쪽 10만 유순을 지나면 또 하나의 바다가 있는데 그 곳의 고통은 이 곳의 배가 되는 바다가 있습니다.

그 곳 동쪽에 그 곳의 배가 되는 바다가 또 있는데 그 곳이 바로 업해라 하는 곳입니다.

*업해(業海)- 사람들의 몸, 입, 생각이 악해져서 그 원인으로 지은 죄의 업에 따라 고통을 받는 것을 업해라고 한다.

무독이시여, 그러면 지옥은 어디에 있습니까?

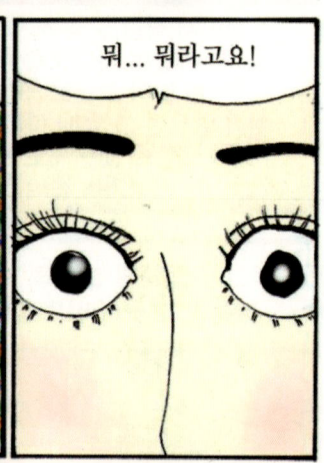

만화 지장경

성녀에게 지옥에 대하여
자세히 설명을 해준 후
무독귀왕은 멀리 사라지고...

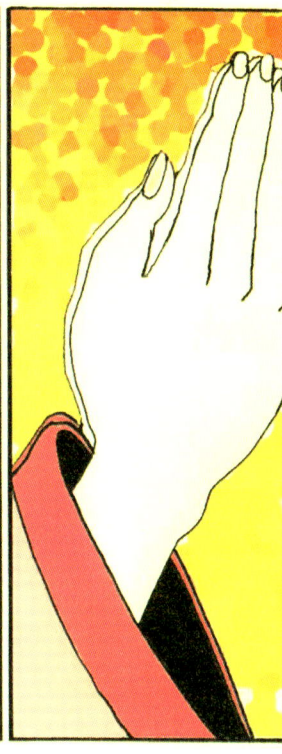

성녀는 어느새 집에 앉아서
염불하는 자신을 깨닫고
곧 각화정자재왕부처님
탑사에 나아가서
서원을 세웠느니라.

제2품 분신(分身)들이 법회에 모이시다.

부처님의 본체는 법신(法身)이다. 보신(報身)과 화신(化身)은 법신에서 표출된다.

법신은 우주의 근본이며, 각자 모든 중생의 본 마음 자리이다. 부처님은 그 자리를 찾아서 임의자재로 응용하는 분이다.

보신은 본 우주를 마음대로 하는 능력을 뜻하며, 화신은 중생을 교화하기 위해 여러가지 형상으로 변화하는 불신(佛身)을 말하며, 중생을 위한 자비의 방편으로 중생과 같은 차원의 동사섭으로 나타난다. 분신은 중생을 교화할 목적으로 나타난 화신임은 말할 것도 없다. 예를 들어 법신을 바다라고 한다면 화신은 파도와 같은 것이어서 바람이 자면 파도가 사라지지만 바다는 본래 바다, 그대로인 것과 같다.

*동사섭(同事攝)- 우리들과 생활을 같이 하면서 진리의 길로 이끄는 것.

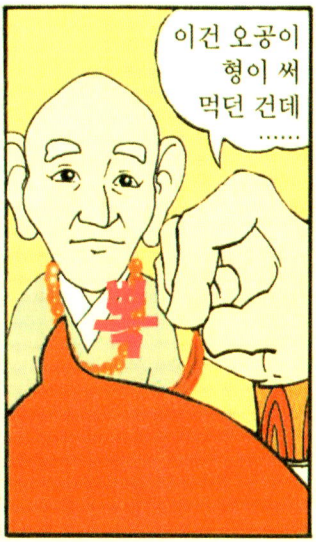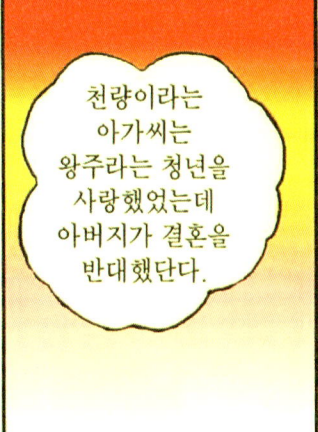

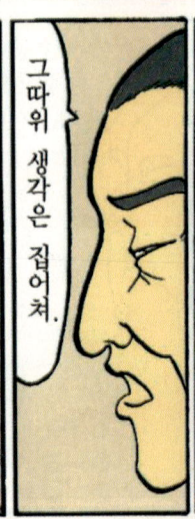

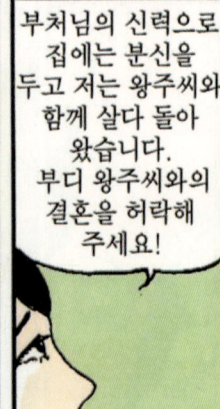

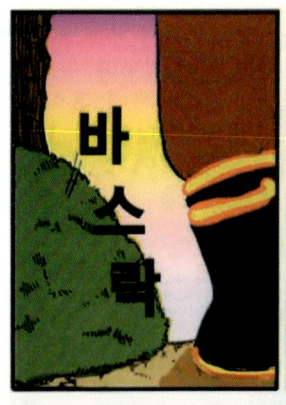

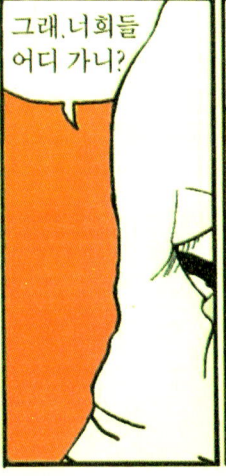

만화 지장경

석가모니부처님께서 황금팔을 뻗어 법회에 모인 이루 헤아릴수 없는 천백억 지장보살 분신들 이마를 하나하나 어루만지시며 말씀하셨다.

내가 오탁악세에서 억센 중생들에게 삿된 길을 버리고 바른 길로 들어가도록 교화하였으나……

*오탁악세(五濁惡世)

5가지의 오염된 세상.
1) 겁탁(劫濁)- 수명이 30, 20, 10세로 줄면서 굶주림, 질병, 전쟁 등의 재액을 입음.
2) 견탁(見濁)- 사견(邪見), 사법(邪法)이 횡행. 부정한 사상이 번져 타락함.
3) 번뇌탁(煩惱濁)- 사람들의 마음이 번뇌로 가득 차 흐려짐.
4) 중생탁(衆生濁)- 윤리적 도덕이 희박해져 사람들이 악행을 두려워 하지 않음.
5) 명탁(命濁)- 세상이 탁해져 수명이 점차 줄어듬.

〈석가모니 부처님 배치도〉

부처님(중앙) 앞쪽부터 4대보살- 문수보살, 보현보살, 미륵보살, 관음보살.
천왕- 대범천왕, 제석천왕. 육대존자- 가섭존자, 아난존자, 外. 6분신물.
8부신중- 용왕, 천녀, 긴나라, 가루다, 사자왕, 상왕, 아수라, 마후라.
사천왕-동방지국천, 북방다문천, 남방증장천, 서방광목천.

내 이제 도리천궁에서 그대에게 부촉하겠노라...

여러 겁 동안 부지런히 제도해 왔으나 아직도 교화가 안되어 악도에서 괴로움을 받는 자가 많으니..

그대는 장차 큰 서원을 능히 성취하여 널리 중생들을 제도한 후에 곧 보리를 이루리라.

*수기(綬記)-부처님께서 보살이나 2승 등에게 다음 세상에 성불하리란 예언을 남기신 것.

그런 자들을 보거든 사바세계에 미륵 부처님이 출연하여 오실 때까지 그대가 중생들을 모두 제도하여 영원히 괴로움에서 벗어나게 하고 부처님의 수기를 받도록 하여라.

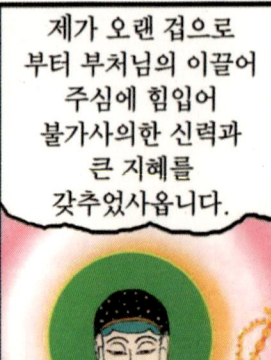

이때 여러세계에서 모여든 모든 지장보살 분신들이 한 몸이 되어...

애절하게 눈물을 흘리며 부처님께 말씀을 드렸다.

제가 오랜 겁으로 부터 부처님의 이끌어 주심에 힘입어 불가사의한 신력과 큰 지혜를 갖추었사옵니다.

저의 분신들이 백 천 만 억 항하사 세계에 화현하옵고, 한 화신이 백 천 만 억 사람을 제도하여 삼보에 귀의케 해 생사를 여의고 영원한 열반락에 이르도록 하겠나이다.

힘드시죠?

아이쿠 젊은이.이렇게 도 와주어서 고맙네.

이때 바른 법으로 부터 물 한 방울, 모래 한 알, 티끌 한 개만큼 아무리 작은 선근을 닦는 이가 있으면 제가 점차 교화해 해탈시켜 큰 이익을 얻도록 하겠나이다.

제3품 사람들의 업연(業緣)을 살피시다.

지 옥 도

| 인간세계 |
| 화탕지옥 |
| 칼산지옥 |
| 한빙지옥 |
| 독사지옥 |
| 아귀지옥 |
| 무간지옥 |

불교에서는 모든 행위가 자주적이고, 주체적인 행동결과로 귀결된다. 그것이 옳든 옳지 않든 스스로에게 책임이 돌아온다는 철저한 인과적(因果的)법칙이 따른다.
제3품에서는 지옥의 대표적인 '무간지옥'이 등장하는데 무간지옥은 수평적 구조로 이뤄져 있다. 성별, 노소와 귀천을 따지지 않는다. 자기가 저지른 죄만큼 벌을 받고, 그 죄업이 다 소멸되면 정상으로 돌아가 옳은 길을 걷게 된다는 인과적 구조로 구성되어 있다.

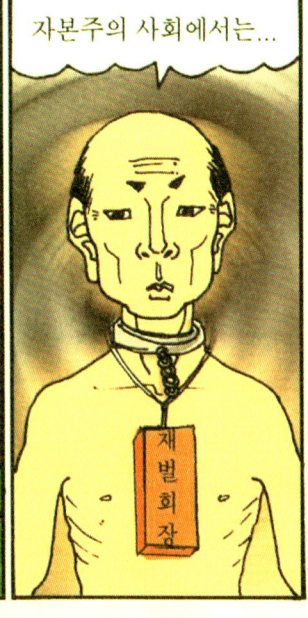

만화 지장경

- 75 -

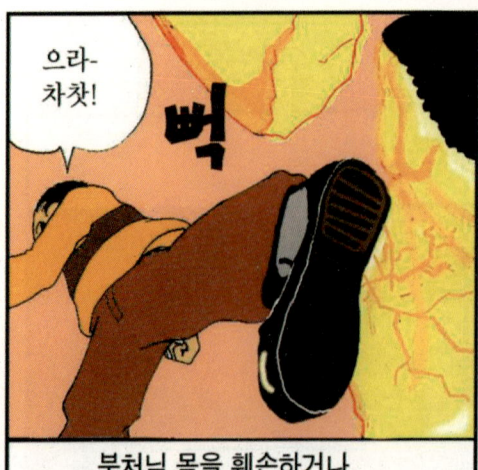

이와 같이 죄를 지어 무간지옥으로 떨어져 받는 고통은 이루 말할 수 없습니다.

짠물 바다가 보이는 대철위산에 무간지옥이 있다고 들었습니다만……?

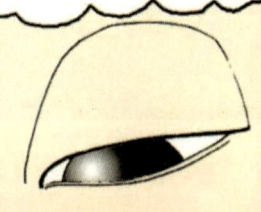

그렇습니다. 모든 지옥이 철위산 안에 있는데 큰 지옥이 18곳이 있으며, 이름이 다른 지옥이 5백개 있고, 또 이름이 각기 다른 지옥이 천 백 개가 있습니다.

무간지옥은 단단한 쇠로 된 성으로 높이가 만리나 되고 둘레가 8만 리가 넘으며, 성위에는 불구덩이가 빈틈없이 타오르고 있습니다.

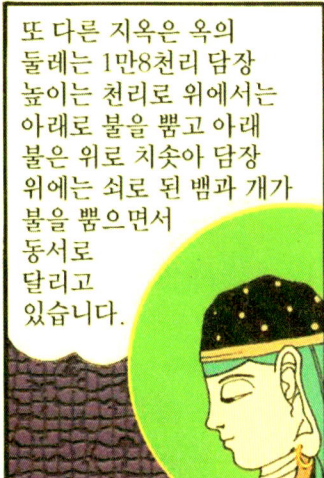
또 다른 지옥은 옥의 둘레는 1만8천리 담장 높이는 천리로 위에서는 아래로 불을 뿜고 아래 불은 위로 치솟아 담장 위에는 쇠로 된 뱀과 개가 불을 뿜으면서 동서로 달리고 있습니다.

아이고- 무서워 지옥은 가고 싶지 않아!

그리고 옥안에는 넓이가 만리나 되는 평상이 있습니다.

한 사람이 죄를 받는데 스스로 그 몸이 평상 위에 가득하고, 천 만 사람이 죄를 받아도 각기 그들의 몸이 평상에 가득한 것을 보게 됩니다.

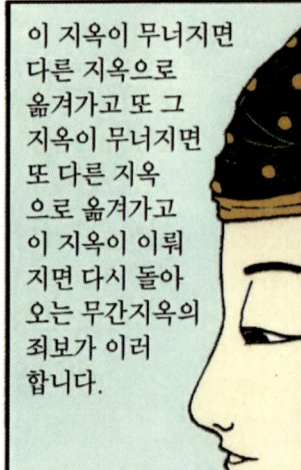

만화 지장경

셋째는 생가죽으로 목을 조르고, 뜨거운 쇳물을 몸에 부으며, 배고프면 철환을 삼키고, 목마르면 쇳물을 마시게 해 여러가지 형구로 고통을 주어 해를 보내는데 그 수가 나유타가 되어도 고통이 끊일 사이 없이 계속되어 무간이라 합니다.

넷째는 신분의 차이가 없습니다. 남녀노소, 빈부격차, 하늘사람, 용, 귀신 등 죄를 지은 업에 따라 그 고통을 똑같이 받으므로 무간이라 합니다.

마야부인은 죄업으로 무간지옥에서 온갖 고통을 받고 있는 중생을 구원코저 부처님께 서원을 세운 지장보살님의 위신력을 찬탄 공양 하며 헤어진다.

제4품 지은 업(業)만큼 받는 것을 말씀하시다.

 우리들 삶의 모습은 천차만별이다. 하는 일이 순조롭고 넉넉해서 행복해 보이는 사람이 있는가 하면, 그렇지 못한 사람들도 많다. 얼굴이 예쁘고 마음씨가 착해 대중적 인기를 누리는 사람이 있는가 하면, 그 반대의 사람도 많을 것이다.
 불교에서는 이 모든 것이 자기가 지은 업만큼 받는 결과로, 그 요인이 자기 자신에게 있는 것으로 귀결된다.
 염부중생업감품(閻浮衆生業憾品)은 특히 이 점을 적시해 주고 있다. 우리가 그 요인을 깨닫는다면 저절로 생활이 슬기로워질 것이며, 인간과 자연을 대하는 시각이 새롭게 달라질 것이다.

만화 지장경

세존이시여! 저는 부처님의 위신력을 얻어 백 천 만 억 세계의 분신을 나타내어 고통받는 중생들을 구원하고 있습니다.

이것은 부처님의 자비의 힘이 아니면 어찌 이런 변화를 일으킬 수 있겠습니까?

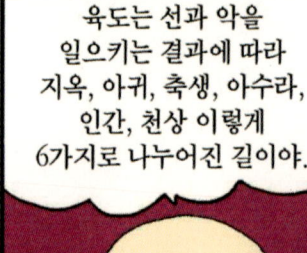

만화 지장경

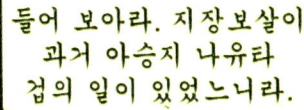

만화 지장경

그러나 두 나라 이웃에 있는 백성들은 악행을 일삼고 서로 시기하며 아귀다툼이 끊이지 않았으며...

그리하여 두 나라 왕은 이웃에 있는 백성들의 고통과 아귀다툼을 보고, 널리 중생들을 구원하고, 제도하기로 약속했느니라.

어서 불도를 이루어 백성들을 제도해야 겠소.

저는 고통받는 백성들을 먼저 제도해야겠소. 백성들이 보리를 이루지 못하면 나는 성불하지 않겠소이다.

오~ 정말 장하시 옵니다.

어서 불도를 이뤄야 겠다고 이야기한 왕은 나중에 일체지성취여래가 되었고, 백성을 먼저 제도해야 겠다고 한 왕이 지장보살이 었느니라.

일체지성취여래 지장보살

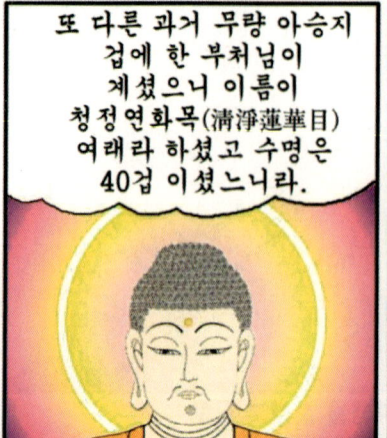
또 다른 과거 무량 아승지 겁에 한 부처님이 계셨으니 이름이 청정연화목(淸淨蓮華目) 여래라 하셨고 수명은 40겁 이셨느니라.

상법시대

아라한이시여! 이것들은 저희가 준비한 것 입니다.

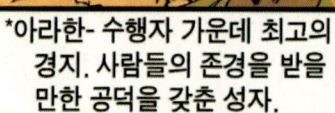
*아라한- 수행자 가운데 최고의 경지. 사람들의 존경을 받을 만한 공덕을 갖춘 성자.

마음은 고맙지만 이 물건들은 어려운 사람들에게 나누어 주시오.

아니옵니다. 이것은 저희들 정성이오니 받아주시기 바라옵니다.

아라한은 사람들이 기다리는 다른 마을로 설법을 하러 간다.

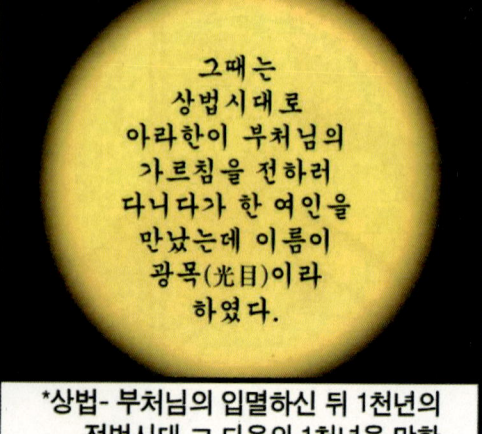
그때는 상법시대로 아라한이 부처님의 가르침을 전하러 다니다가 한 여인을 만났는데 이름이 광목(光目)이라 하였다.

*상법- 부처님의 입멸하신 뒤 1천년의 정법시대 그 다음의 1천년을 말함

만화 지장경

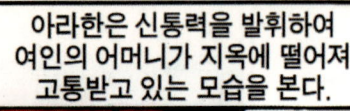

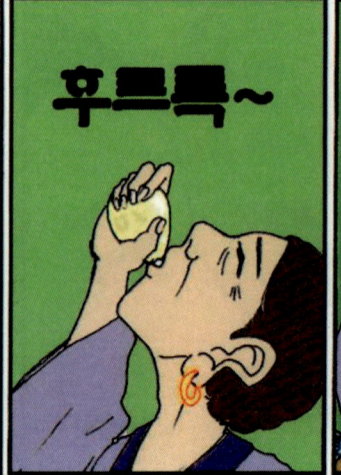

그 이후 광목여인은 청정연화목 부처님을 법당에 모시고 지극정성을 다해 온갖 금은보화와 귀중품을 공양하고 부처님 앞에서 울면서 공덕을 쌓았다.

그러다 잠이 들어 꿈을 꾸니...

청정연화목부처님이 큰 광명 속에서 나타나 광목에게 말씀하셨다.

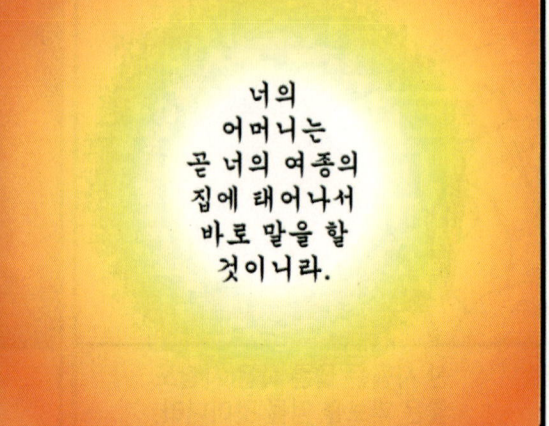

너의 어머니는 곧 너의 여종의 집에 태어나서 바로 말을 할 것이니라.

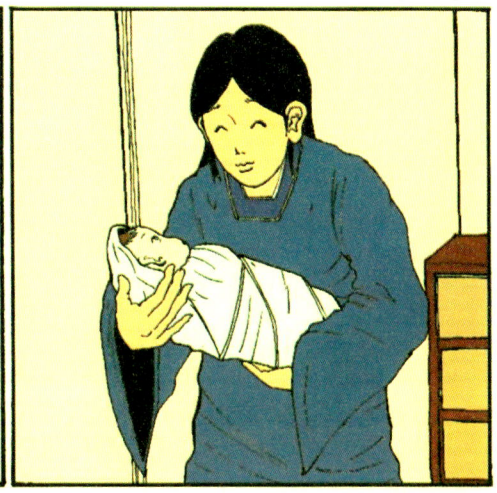
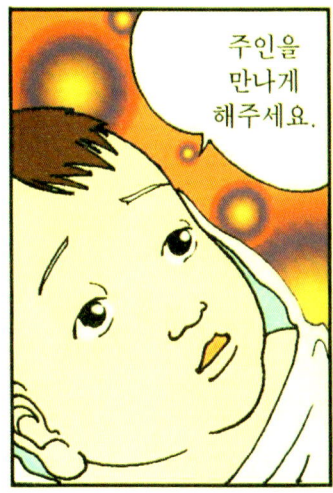

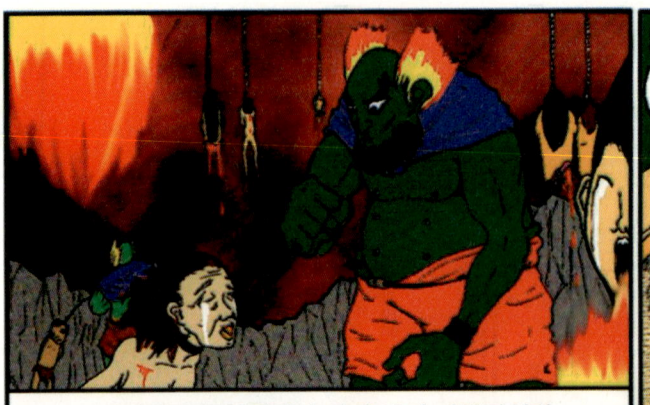

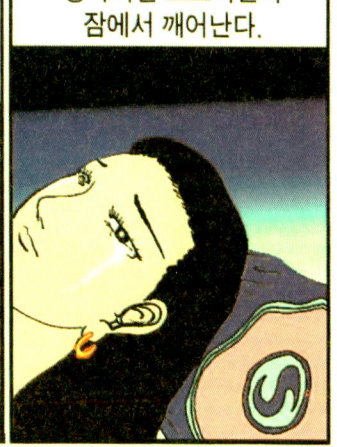

지장보살 분신들이 사바세계로 흩어져 사람 모습으로 나타나 널리 중생을 제도해 왔으며...

인과를 믿지 않는 자, 악행, 사음, 망언, 악구, 양설, 대승을 비방하는 자는 악도에 떨어질 것이나 손가락 한 번 퉁길 짬이라도 지장보살에게 귀의하면 삼악도의 죄보에서 해탈을 얻으리라.

지극한 마음으로 지장보살을 공경, 찬탄, 받들어 섬기면 하늘에서 백 천 만 억 겁의 승묘(勝妙)한 낙을 받을 것이니라.

여러 보살들과 부처님 말씀을 듣고 있던 동, 서, 남, 북, 사천왕이 일어나 부처님께 합장 공경하고 부처님께 질문한다.

세존이시여! 지장보살이 오랜 겁을 내려 오면서 그런 큰 원을 펴왔는데 어찌하여 중생들을 제도하는 일이 아직도 끝나지 않사옵니까?

내 이제 그대들과 현재 미래의 하늘과 사람들에게 널리 이익을 주기 위하여 지장보살이 중생들을 구원하여 해탈케 하는 방편에 대하여 말하겠노라.

감사하옵니다. 세존이시여! 말씀해 주시옵소서.

만화 지장경

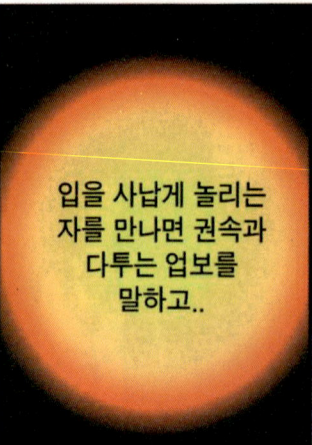

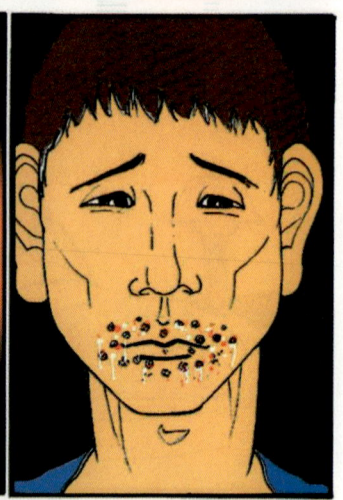

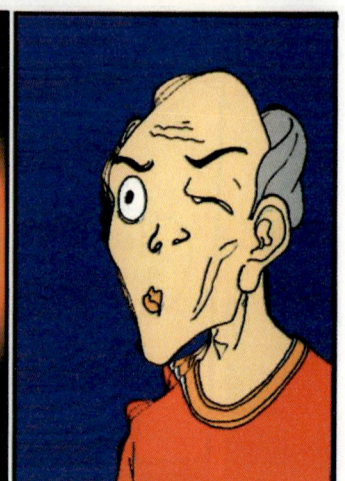

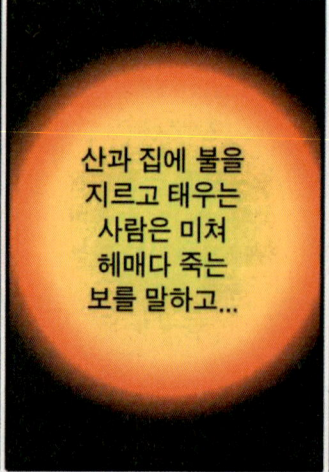

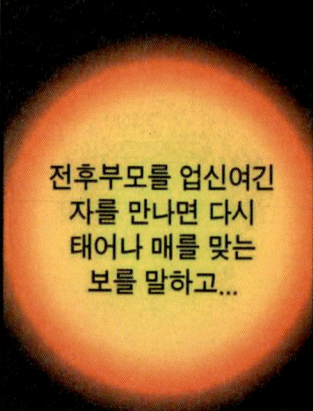

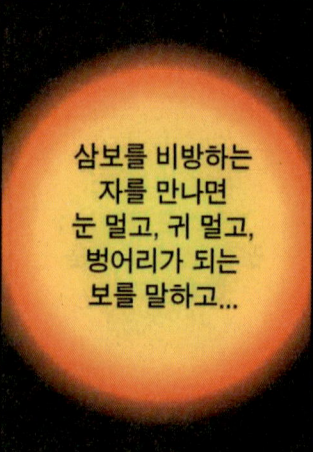

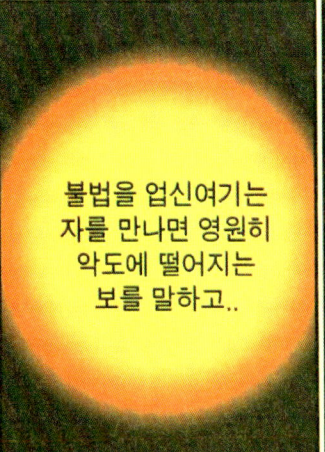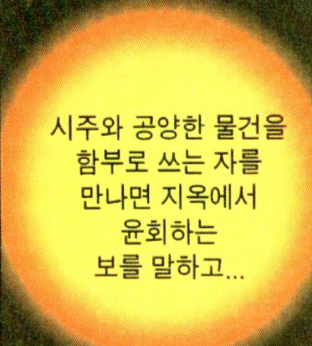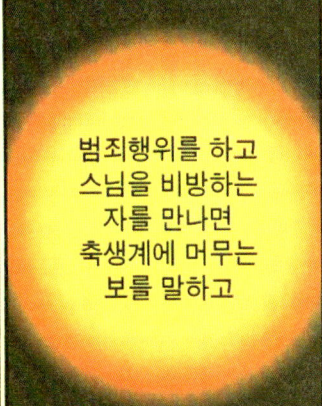

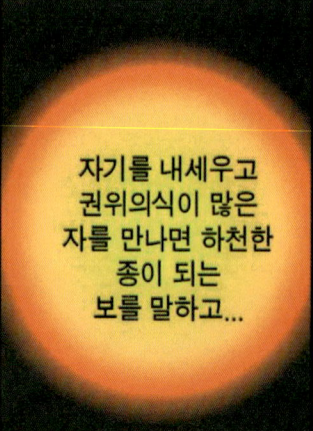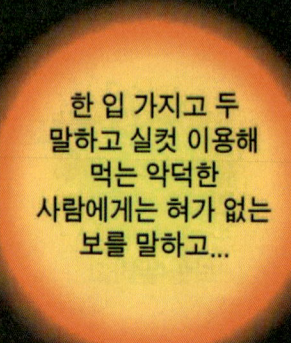

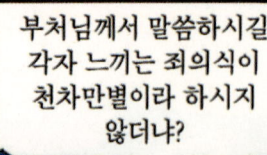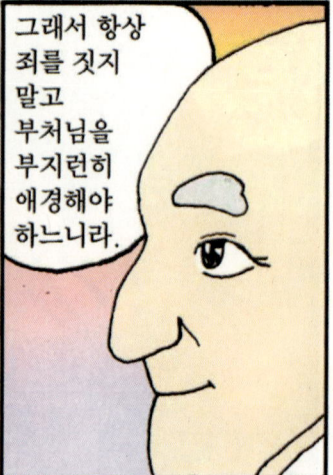

제5품 지옥(地獄)의 이름을 말씀하시다.

보현보살은 부처님의 이(理), 정(定), 행(行)의 덕을 맡고 있는 대사(大士)이시다.

보현보살이 지옥의 이름과 거기에서 받는 보에 관한 것을 지장보살에게 묻자, 지옥에 대한 여러 차별과 백 천가지 죄의 형태에 대해 이야기 한다. 악한 마음을 갖고, 남달리 탐을 내거나 격렬히 성을 내는 인자(因子)들이 쌓여 그 보를 받는 곳이 지옥이라고 설명한다.

지옥에 대한 갖가지 이름만 들어도 모골이 송연해지는 품이 아닐 수 없다.

지장시왕도
(돈황, 견본, 북송 983년, 기메 박물관 소장)
지장삼존을 중앙에 모시고 시왕들이 제왕의 모습으로
죄인을 재판하기 위하여 둘러 앉아 있는 모습
*하단은 공양을 하는 공양인

만화 지장경

보현보살은 부처님의 행(行), 원(願)을 상징하므로 연꽃 위에 경책을 얹기도 함.

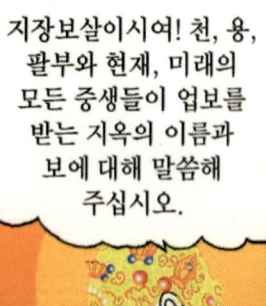
지장보살이시여! 천, 용, 팔부와 현재, 미래의 모든 중생들이 업보를 받는 지옥의 이름과 보에 대해 말씀해 주십시오.

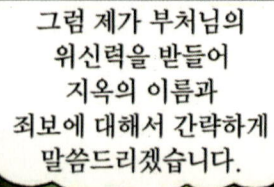
그럼 제가 부처님의 위신력을 받들어 지옥의 이름과 죄보에 대해서 간략하게 말씀드리겠습니다.

천, 용, 팔부가 뭐야?

불법을 수호하는 신들이야. 저기 있네.

*하늘사람- 신통력으로 상대방 마음을 꿰뚫어 보는 사람.

*용- 불법을 수호하는 무리

*야차- 나찰과 함께 비사문헌왕 권속으로 북방을 수호함

*아수라- 제석천과 싸우는 투쟁적인 신

만화 지장경

*가루라- 용도 잡아먹는 사납고 큰 새

*건달바- 제석천의 음악을 관장하는 신

*긴나라- 노래를 좋아하는 신

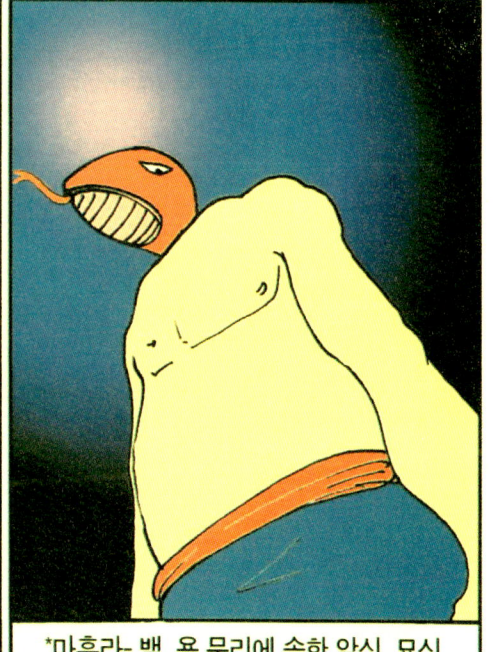
*마후라- 뱀, 용 무리에 속한 악신, 묘신

말법- 부처님께서 세상을 떠나신 뒤 정법 5백년, 상법 1천년 그 뒤에 오는 1만년을 가르킨 말로 교법이 쇠퇴한 시기를 말함

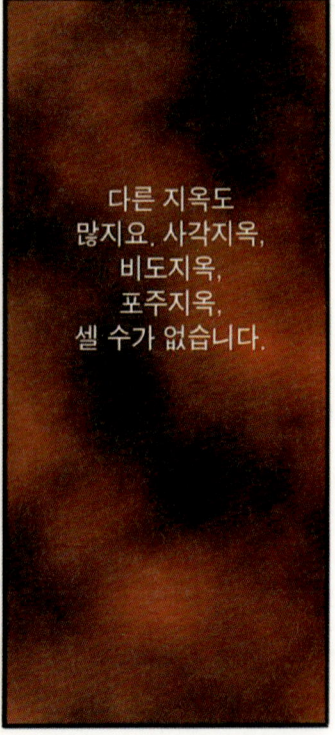

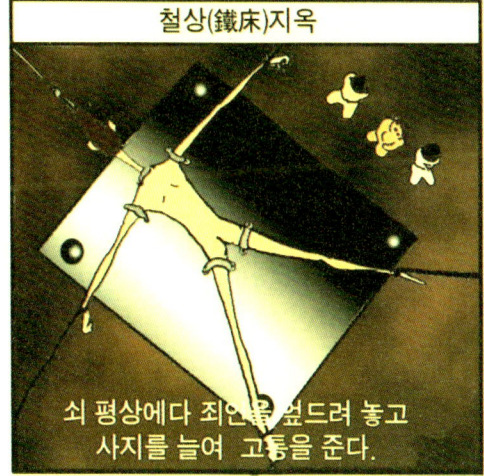

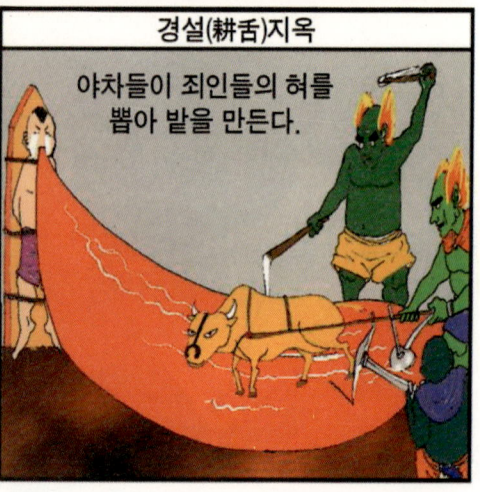

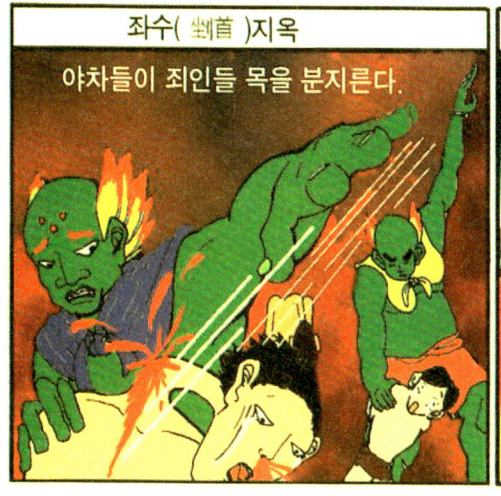

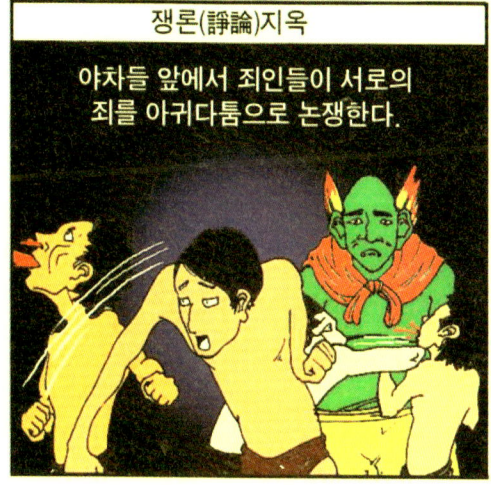
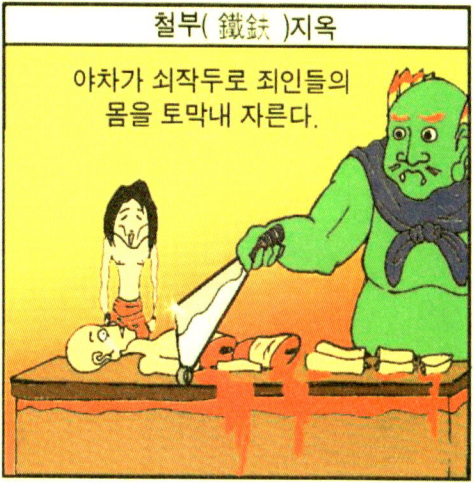

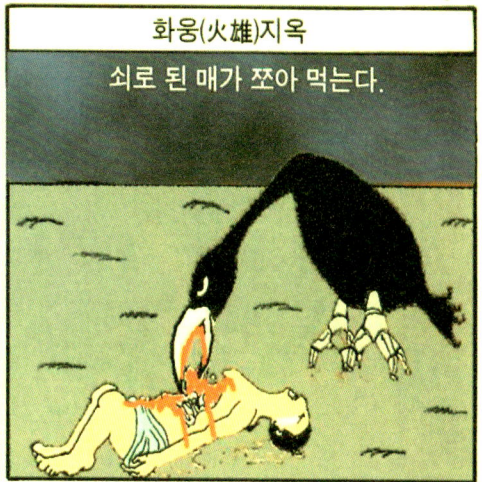

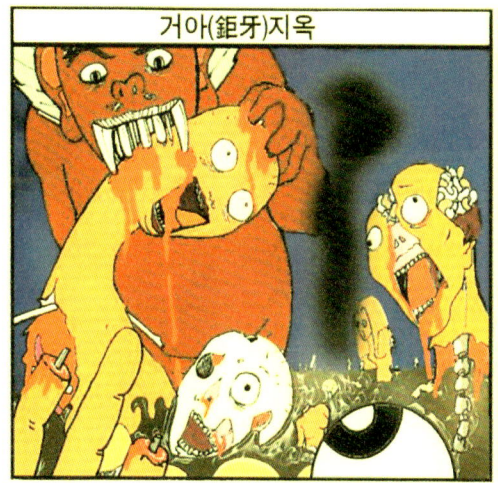
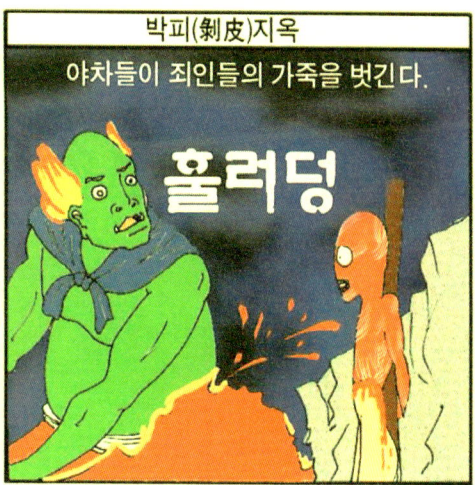

이 같은 지옥 속에 또 작은 지옥들이 들어있는데 어떤 것은 둘 또는 셋, 넷, 백, 천 개도 있고 그 이름도 각기 다릅니다.

참으로 가슴 아프고 무서운 일이 아닐 수 없습니다.

이런 지옥들은 모두 다 남염부제에서 악한 짓을 한 중생들의 업감(業感)으로 이루어지게 되는 것으로 업력이란 매우 커서 수미산 보다 높고 바다보다 깊어 성도(聖道)에 장애가 됩니다. 그러므로 작은 악이라도 죄가 없다고 가볍게 생각하지 말아야 할 것입니다.

만화 지장경

어느 지옥은 물이 끓은 가마에 죄인들의 몸을 삶고

어느 지옥은 벌겋게 단 구리기둥을 안게 하고

어느 지옥은 사나운 불무더기 밑을 지나가게 하고

어느 지옥은 죄인을 얼음 속에 가둬 놓고

어느 지옥은 똥, 오줌뿐이고

어느 지옥은 쇠뭉치가 날아 다니고

만화 지장경

지옥에는 과보를 받는 형벌 기구가 백 천 가지가 있는데 구리, 쇠, 돌, 불, 아닌것이 없고, 그 물건들은 각기 업에 따라 달라지는 것입니다.

인자여, 지옥의 죄보를 자세히 말하면 지옥 속에서 고초를 받는 그 고통이 어떠하겠습니까?

지옥에 대한 설명은 겁을 다해도 끝이 없고, 부처님의 큰 위신력 또한 끝이 없을 뿐이옵니다.

정말 끔찍합니다. 말씀 잘 들었습니다. 장하시옵니다.

제6품 부처님께서 찬탄(讚嘆)하시다.

지장보살은 자기가 가지고 있는 모든 원력은 불가사의한 부처님의 자비의 힘이라고 말해 왔다. 온갖 죄업을 짓고 괴로움을 받는 중생들을 구제해 온 것, 모두가 부처님의 위신력(威神力)이었다고 역설한다.
부처님은 미래의 모든 중생들에게 지장보살의 이 같은 대자비에 힘입어 돈독한 믿음을 가지라고 말씀하신다. 일심으로 지장보살을 모시고 정진함으로써 온갖 고통을 여의고 열반락을 증득할 수 있다고 설파하신다.

만화 지장경

만화 지장경

내가 열반한 뒤에 그대들은 널리 방편을 세워 이 경을 지켜 일체중생들로 하여금 열반락을 얻게 하여라.

저는 보광보살이라 하옵니다. 세존께서는 지장보살에게 불가사의한 큰 위신력이 있다고 칭찬하시었습니다. 말법시대에 인간과 천상에 이익을 주는 지장보살의 인과에 대해 말씀해 주옵소서.

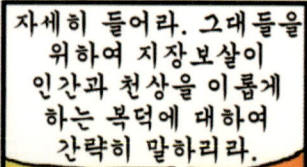

그리하여 이 우주의 천룡팔부를 비롯 미래의 중생들로 하여금 부처님 말씀을 받들게 하소서.

자세히 들어라. 그대들을 위하여 지장보살이 인간과 천상을 이롭게 하는 복덕에 대하여 간략히 말하리라.

세존이시여! 말씀해 주소서. 잘 새겨 받들겠나이다.

앞으로 오는 세상에 선남자, 선여인이 지장보살 이름을 듣고 합장, 예배하고 공경하면 그 사람은 30겁의 죄과를 벗어나리라.

만일 선남자, 선여인이 지장보살의 형상을 그리거나 ...

지장보살 상을 만들어 우러러 예배하면 백 번을 33천에 태어나고 영원히 악도에 떨어지지 않을 것이며...

그 사람이 천상의 복이 다해 인간세상에 태어나더라도 국왕이 되어 큰 이익을 얻을 것이다.

그 후, 왕비나 명문가의 예쁘고 용모단정한 몸으로 태어나리라.

보광보살이여, 이와 같이 지극한 마음으로 공덕을 쌓으면 원하는 모든 것을 얻을 수 있느니라.

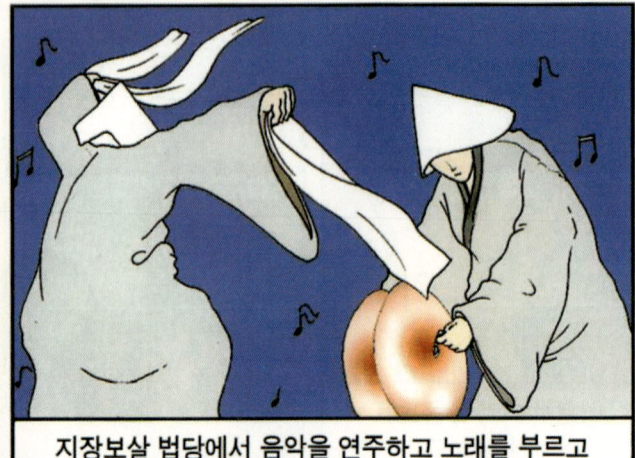

지장보살 법당에서 음악을 연주하고 노래를 부르고

선남자, 선여자 모든 사람들이 지장보살상 앞에 향과 꽃을 공양하고 기악을 연주, 노래를 불러 찬탄하며

사람들에게 권하면 현재나 미래에도 여러 선신의 보호를 받고 나쁜 일이나 횡액을 당하지 않을 것이니라.

그리고 지옥을 벗어나도 1,000겁 동안 아귀가 되고 다시 축생으로 1,000겁을 보내야 하며...

아휴! 전생에 어떤 업보가 있었길래...

사람으로 태어나도 불구가 되고 가난하고 미천하게 살며 악습을 벗어나지도 못하고 삼악도(三惡道)에 또 떨어질 것이니.

날이 가고, 달이 가도 몸이 처참하게 야위어 잠을 자다가도 헛소리를 지르는 자는 다 죄업 때문이니라.

다만 불, 보살님 앞에서 소리 높여 이 경을 읽고 병자가 아끼는 물건을 놓고서 저는 이 병자를 위해 불, 보살님 앞에 모든 것을 바쳐 공양하고 불, 보살님의 형상을 조성하여 탑사와 사원을 지어 등불을 밝혀 보시하겠습니다.

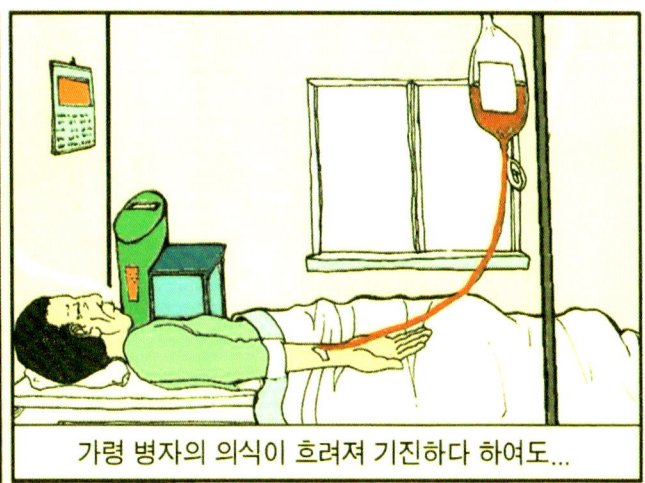

만화 지장경

형제자매가 한통속이 되어 도둑이 되고

남편이나 아내 권속들이 향락에 빠져

악도에서 벗어나지 못하고, 또 구원해 줄 복된 힘이 없어 속세의 골육에게 구원을 호소하는 것이니라.

보광보살이여. 그대는 신통력으로 이들 권속들에게...

부처님, 보살님 상 앞에서 악도에 떨어진 사람들을 위해 지극정성으로 경을 읽고 다른 사람에게도 이 경을 읽기를 권하며 세 번, 또는 일곱 번을 읽으면...

악도의 권속들이 해탈을 얻고...

다시는 꿈에 그런 형상들이 나타나지 않을 것이며...

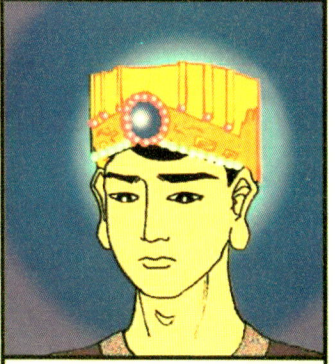

오탁악세에서는 몸을 움직이고 생각하는 자체가 업 아닌 것이 없고 죄 아닌 것이 없거늘 방자한 마음으로 살생, 도둑질, 거짓말, 망언, 시기, 등 백 천 가지 죄 지은 일을 말해 무엇하겠느냐.

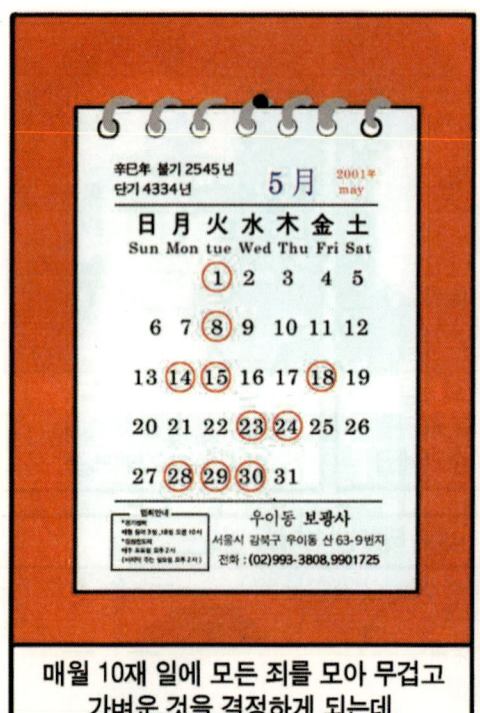

매월 10재 일에 모든 죄를 모아 무겁고 가벼운 것을 결정하게 되는데,

*이 10재(齋)일에 불, 보살의 거룩한 형상 앞에 지장경을 한 번이라도 읽으면

만화 지장경

동. 서. 남. 북 어느곳을 가더라도 재앙이 없어지고 풍족한 생활을 할 것이며,

어른, 아이할 것 없이 질병이 없고, 현재와 미래의 백 천세에 이르기까지 영원히 악도에서 벗어나게 될 것이다.

특히, 염부제 중생들은 지장보살과 큰 인연이 있으므로, 보살의 이름을 듣고 형상을 보며 한 구절이라도 이 경을 듣는 사람은...

지장보살에게는 이러한 백 천 만 억 위신력과 함께 큰 이익이 되는 일이 있음을 알라.

세존이시여! 지장보살의 큰 위신력과 큰 서원의 힘으로 미래 중생들을 이익되게 한 일을 잘 알았나이다.

백 천 만 억 미래세에 항상 단정하고 존귀한 가문에 태어나 안락함을 얻을 것이니라.

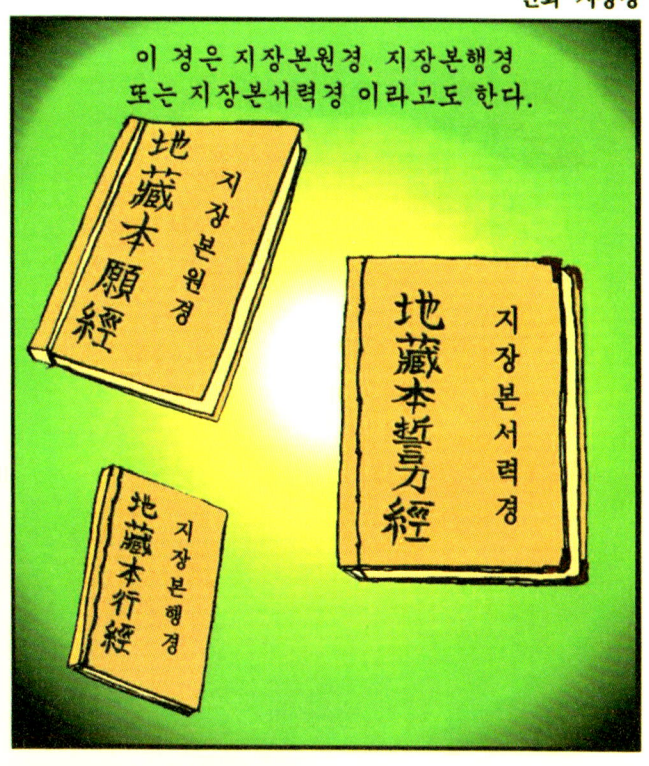

제7품 죽은 사람도 산 사람도 이익(利益) 있게 하시다.

사바세계에 있는 중생들은 업이 무거워 생각과 행동 하나 하나가 죄업으로 이어지는 일이 많다고 한다. 모처럼 좋은 일을 할 마음을 내어, 기회까지 얻었으나 이해타산이라는 덫에걸려 곧 순수한 생각은 사라져 버리고 뒷걸음질만 친다는 것이다. 그럴 때일수록 부처님 법을 굳게 믿고 뒤로 물러나는 일이 없도록 열심히 기도하고, 열심히 참선해야 한다는 이야기다. 그리고 이웃을 도와 부지런히 선근(善根)을 심고 부지런히 정진하는 그것만이 우리가 가야 할 길이라는 말씀을 들려주고 있다. 그러기 위해서 우리는 먼저 믿음을 굳게 가져야 할 것이다.

만화 지장경

만화 지장경

또한 악에 물든 중생은 하찮은 것에도

서슴없이 악한 일을 저지르게 되니 이런 습관이 있는 중생은 한량없는 죄를 저지르고 맙니다.

임종 할 때에는 남, 여 가족이 그를 위해 복을 닦아 앞 길을 밝혀 주어야 하며...

나무지장보살마하살
··················
나무지장보살마하살
············
나무지장보살마하살

깃발을 달고 등불을 밝히며 불경을 읽어주고 불상에 공양을 해야 합니다.

또한 염불을 할때 부처님과 보살님을 부르더라도 임종한 사람의 귀에 들어가 본식(本識)이 듣게 해야 합니다.

그러면 죽은 사람이 악업을 지어 나쁜 곳에 떨어지게 되더라도

할머니. 시원하시죠? 이제부터는 제가 매일 돌봐 드릴께요.

가족들이 그를 위해 닦은 성스러운 공덕으로 지은 죄가 소멸될 것이며...

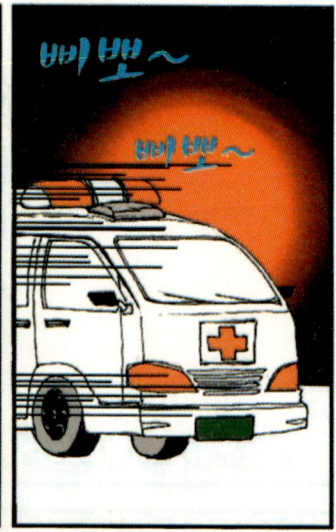

만화 지장경

바람 속의 등불처럼 죽음의 귀신이 기약없이 찾아오고...

여기가 어디야? 도대체
더듬 더듬
어둠 속에 헤매는 혼신은 자신의 갈 길을 알지 못하고 49일 동안 소경처럼 헤매이다가...

어둠 속을 헤매는 중음신(中陰身)이 되어 죄업을 심판 받고 태어납니다.

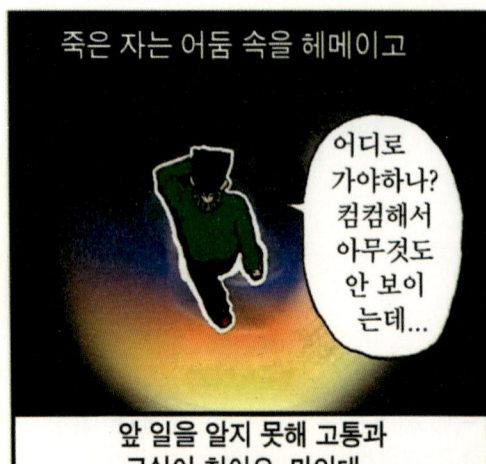
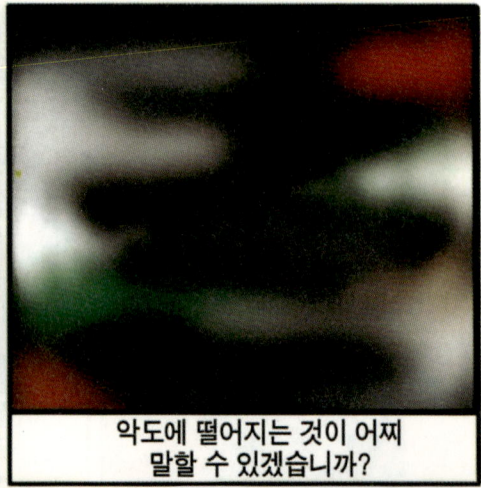

제8품 염라왕의 무리를 칭찬(稱讚)하시다.

염라대왕이 그들 무리를 이끌고 도리천궁 대법회에 참석, 부처님께 여쭈었다.
"세존이시여! 지장보살이 불가사의한 신력을 지녔사옵거늘, 어찌하여 중생들이 해탈을 얻지 못하옵니까?"
부처님께서 대답하셨다.
"사바세계 중생들의 성품이 강강하여 길들이기 어렵고 꺾기 어려워 이 큰 보살이 백 천 만겁 일일이 구출, 해탈케 하였느니라."
그때 부처님께서 악독귀왕(惡毒鬼王)과 주명귀왕(住命鬼王)이 선한 마음을 발원하자 이를 찬탄하시며 수기를 내리셨다.
"그대의 명호(名號)는 무상(無相)여래고 겁명은 안락이며, 세계의 이름을 정주(淨住)라 하리라.

만화 지장경

일체중생은 죽은 후 49일 동안 육도(六道) 중 어디에 업보를 받아야 할지 중음신(中陰身)으로 이곳저곳을 떠돌다...

염라대왕은 지옥을 지배하며 인간의 수명을 관장한다.

이때에 거짓말을 하려해도 소용이 없다. 업경대(業鏡臺)가 생시행업(生侍行業)을 환히 다 비추고 있기 때문이다.

명부에 있는 시왕(十王)앞에 나아가 생전에 죄업에 따라 재판을 받는다.

생전에 죄업에 따라 갖가지 지옥이 기다리고 있다.

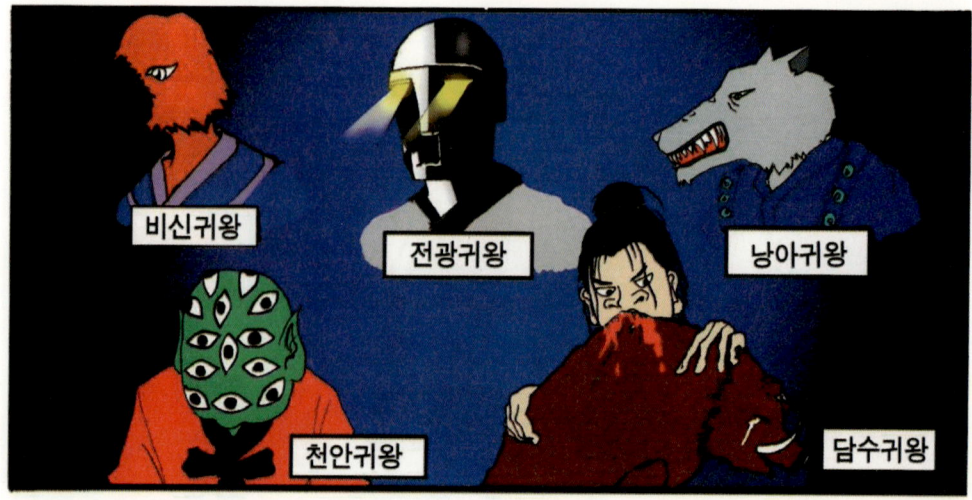

부석(負石)귀왕

주모(主耗)귀왕

귀왕이 지나간 자리에는 나무들이 다 쓰러져 길이 뻥 뚫림.

주화(主禍)귀왕

주화귀왕이 지나간 자리에는 산사태에다 집이 무너진다.

주복(主福)귀왕

앗! 다시 원래대로 돌아왔다.

주화귀왕은 재앙을 가져오는 귀왕이고, 주복귀왕은 복을 갖다주는 귀왕인가봐.

주식(主食)귀왕

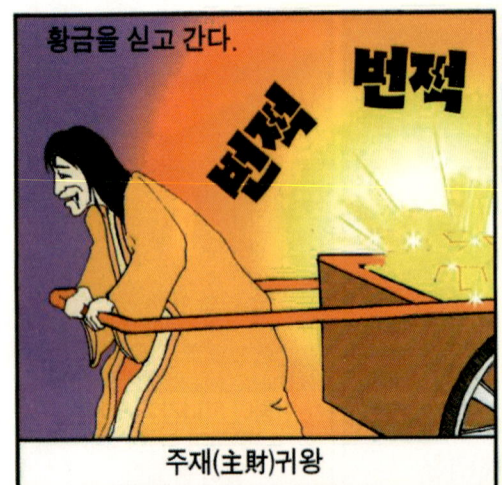

만화 지장경

이 큰 귀왕들은 백 천 만 억 부하들을 거느리고 사바세계에 산다.
이들은 각각 맡은 책임이 있어 각기 사는 곳이 따로 있다.

귀왕들은 들어라. 도리천궁에 염라대왕께서 빨리 집합하라는 전달이 있었다.

만화 지장경

귀왕들은 부처님의 위신력과
지장보살의 힘을 받들어
도리천에 올라갔다.

만화 지장경

석가모니 부처님께 염라천자는 오체투지하여 예를 올리고

지장보살님께도 지극정성 예를 올린다.

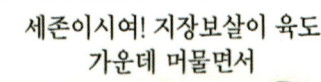
세존이시여! 지장보살이 육도 가운데 머물면서

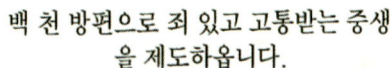
백 천 방편으로 죄 있고 고통받는 중생을 제도하옵니다.

그런데 지장보살은 피로와 괴로움을 잊으시고 고해의 중생들을 건지시는 불가사의한 힘이 있는데...

중생이 제도를 받아 천상에 태어났다가도...

악도에 떨어지니 어찌하여 중생들은 선도에 의지하여 영원한 해탈을 얻지 못하옵니까?

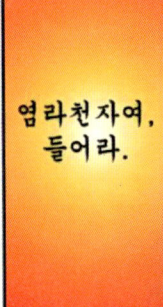

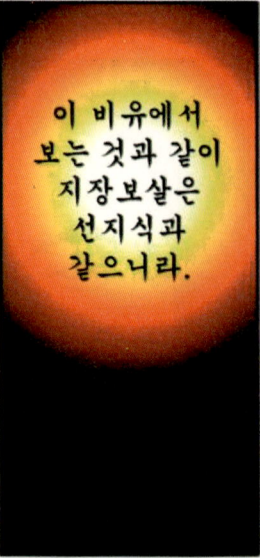

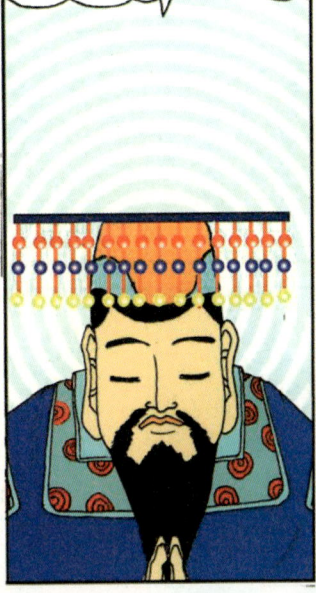

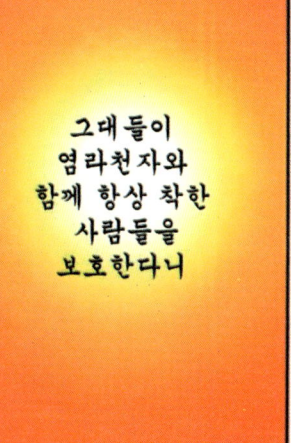

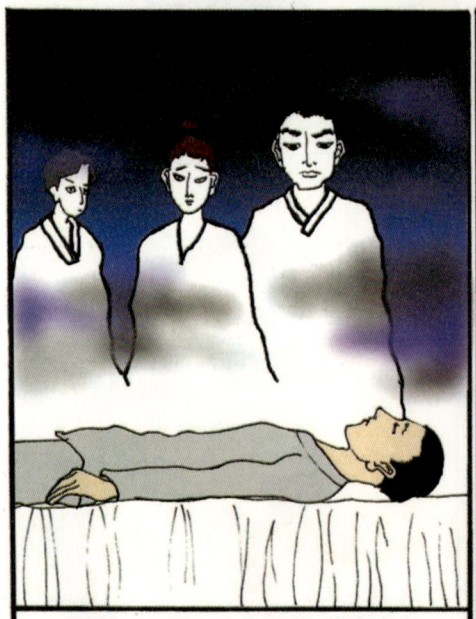

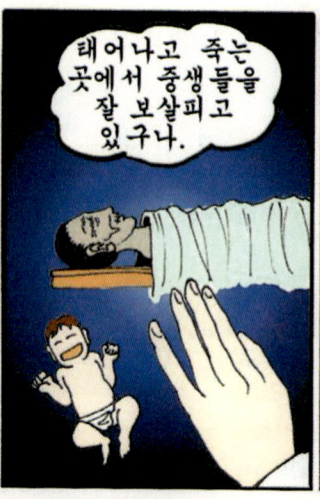

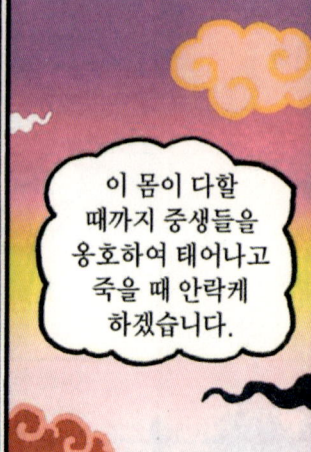

제9품 부처님 명호(名號)에 공덕(功德)이 있다.

모든 부처님은 각기 명호(名號)가 있다.
부처님의 명호를 들으면 공경심이 우러나야 한다.
이 품에서는 공경하는 마음으로 부처님 명호나 보살 명호를 부르면 한량없는 공덕이 있어서 업장(業障)이 소멸되고 큰 복을 받게 된다고 가르치고 있다.
우리들이 부처님이나 지장보살 명호를 듣고 귀의하여 진심으로 공경한 마음을 내면 중죄가 소멸되고 보리(菩提)를 얻을 것이라고 말씀하고 있다. 다시 말해서 염불 공덕과 그 중요성을 말씀하신 것이다.

法本法無法　無法法亦法

今付無法時　法法何曾法

본래 법이란 없는 법이 법이고,
법 없다는 그 법, 또한 법이다.
이제 법 없음을 전해 주느니
법과 법에 무슨 법을 더하랴.

만화 지장경

만화 지장경

대자대비하신 부처님이시여!

제가 지금 생사고해(生死苦海)에 허덕이는 미래중생들의 큰 이익될 일을 말씀드리고자 하오니 허락하여 주옵소서.

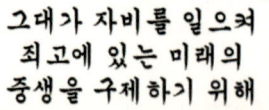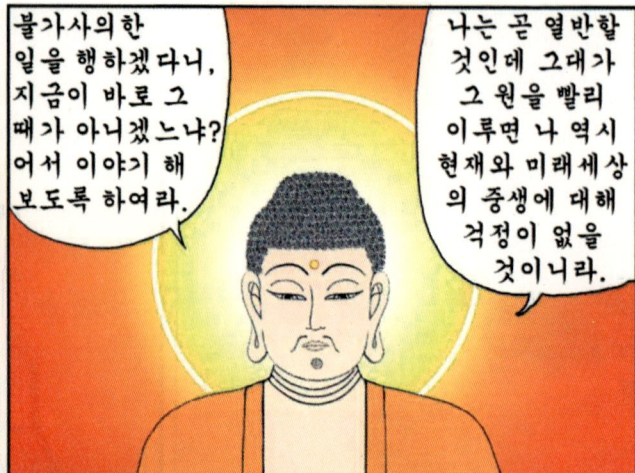

만화 지장경

또 말로 표현 할 수 없는 과거 아승지겁(阿僧祇劫)에 명호가 사자후 부처님이 출현하셨습니다.

만일 남자든 여자든 이 부처님의 이름을 듣고 일념으로 귀의하면 모든 부처님의 마정수기를 받을 것이옵니다.

*마정수기(摩頂授記)-부처님께서 이마를 만지며 미래 세상에 불과를 완성하리라는 예언을 말함.

또 과거에 부처님이 출현하셨는데 명호는 구류손 부처님이셨습니다.

만약 어떤 사람이 이 부처님 명호를 듣고 지극한 마음으로 우러러 절하거나 또는 찬탄하면 이 사람은 현겁(賢劫) 천불의 회상에서 대범천(大梵天) 하느님이 되어 마정수기를 받을 것이옵니다.

또 과거에 한 부처님이 세상에 나셨는데 명호가 보상여래 부처님이셨습니다.

만일 어떤 사람이라도 이 부처님의 명호를 듣고 공경심을 내면 이 사람은 머지않아 아라한(阿羅漢)의 과보(果報)를 얻을 것이옵니다.

그리고 과거 무량 아승지겁에 한 부처님이 출현하셨는데 명호는 가사당 부처님이셨습니다.

가사당 부처님께서 출현하셨다 합니다.

어디에 계십니까?

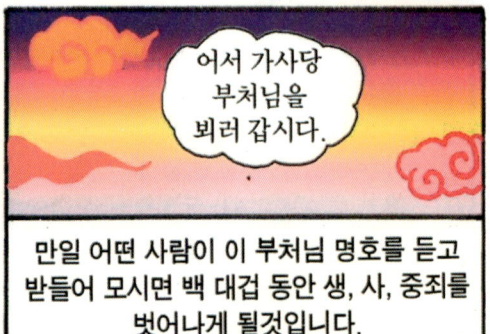

어서 가사당 부처님을 뵈러 갑시다.

만일 어떤 사람이 이 부처님 명호를 듣고 받들어 모시면 백 대겁 동안 생, 사, 중죄를 벗어나게 될것입니다.

세존이시여! 현재나 미래의 하늘이나 어떤 사람이라도 한 부처님의 명호만 생각해도 그 공덕이 한량없거늘, 많은 부처님을 염불하는 공덕을 어찌 말로 나타낼 수 있겠사옵니까?

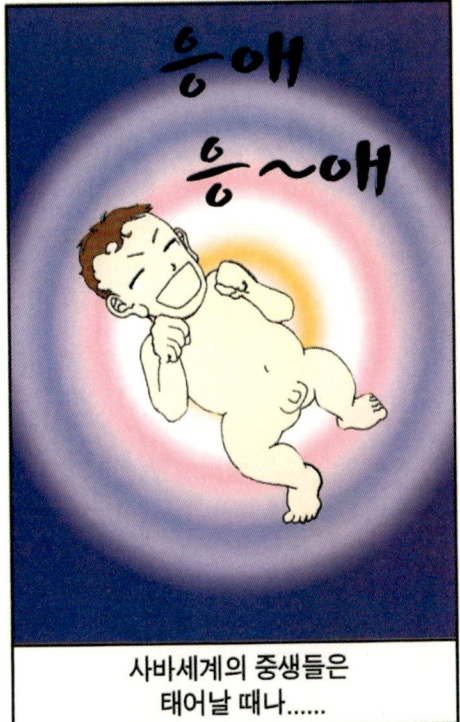

사바세계의 중생들은 태어날 때나……

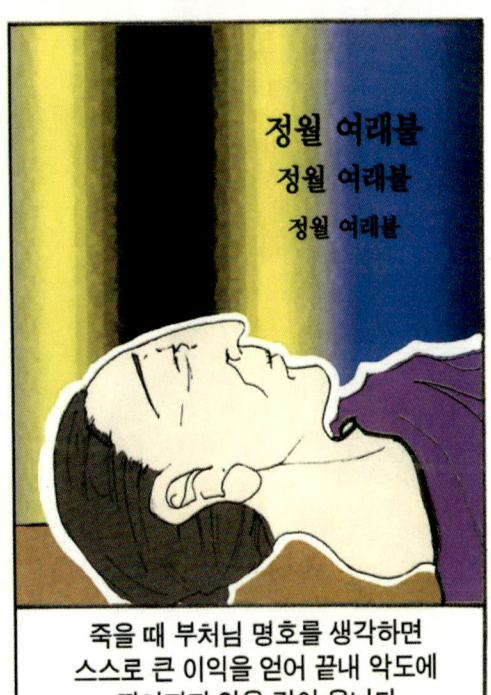

정월 여래불
정월 여래불
정월 여래불

죽을 때 부처님 명호를 생각하면 스스로 큰 이익을 얻어 끝내 악도에 떨어지지 않을 것이옵니다.

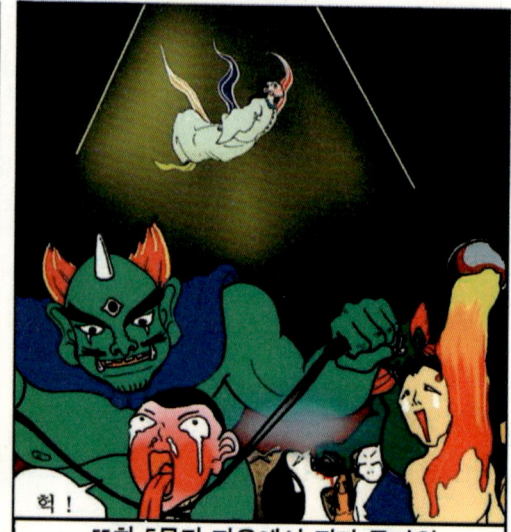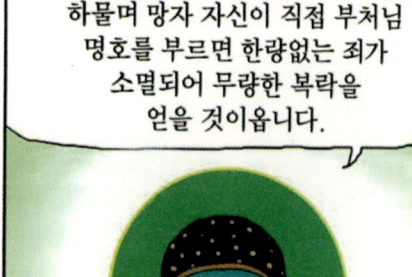

제10품 보시공덕(布施功德)을 말씀하시다.

이 품에서는 보시에 대한 공덕을 말씀하셨다.
불교에서는 보시(布施), 지계(持戒), 인욕(忍辱), 정진(精進), 선정(禪定), 지혜(智慧)를 가리켜 '6바라밀' 이라고 한다.
그런데, 6바라밀 가운데에서도 보시가 으뜸이다. 우리들이 생사윤회를 끊고 중생계를 벗어나 열반(涅槃)에 이르게 되는데는 '보시' 의 공덕이 그 첫째라는 이야기다.
보시에는 크게 법보시, 재보시, 무외보시라는 것이 있으며, 무엇보다도 보시를 하는 마음가짐과 그 자세, 그로 인한 어떤 공덕이 어떻게 파생되는가에 대해 자세히 말씀하고 있다.

만화 지장경

어떤 사람은 한 생만으로 복을 마치고 어떤 사람은 십생 백생 천생동안 대복을 누리는 사람도 있사옵니다.

세존이시여! 제가 업의 사슬에 매여있는 중생들의 보시 공덕을 살펴보니 가볍고 무거움이 각각 다르옵니다.

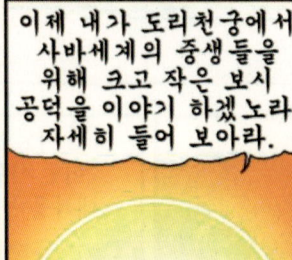

왜냐하면 높고 귀한 자리에 있는 이들이...

가장 빈궁한 무리나 불구자와 같은 불행한 사람들에게 큰 자비심을 베풀었기 때문이니라.

그러므로 이들이 보시한 만큼 얻는 복리는 백 천 생동안 언제나 칠보가 가득한 것이니라.

미래 세상에 국왕이나 재상, 바라문 같은 이들이...

만화 지장경

절을 찾아가

탑에 공양하고,

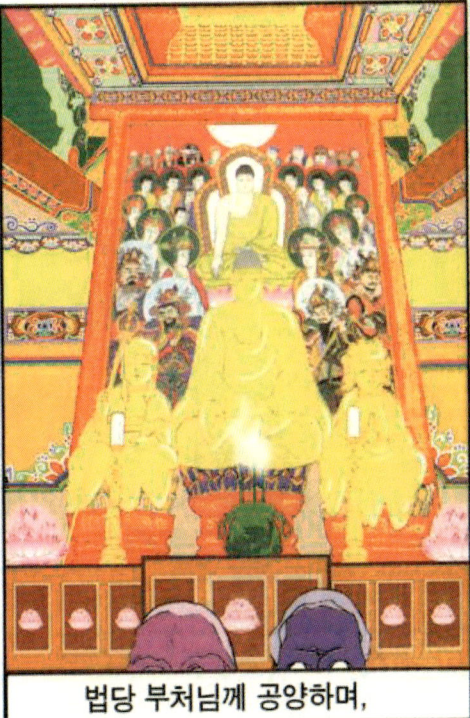
법당 부처님께 공양하며,

보살님께 공양하고,

법이 높은 선지식을 만나...

힘 써 공양 보시하면...

그는 3겁동안 제석천의 하느님이 되어 승묘한 낙을 받을 것이며,

그 보시의 복리를 법계로 회향하면 10겁동안 대범천의 하느님이 되리라.

만화 지장경

미래 세상에 국왕이나 바라문같은 이들이 허물어진 부처님 탑묘(塔廟)나 파손된 불상을 마음을 내어 보수하고,

헌 경전을 새로 간행하면서 다른 사람에게도 함께 보시의 인연을 맺게 하며,

이들은 백 천 생 동안 전륜왕의 몸이 될 것이고, 같이 보시한 사람들도 백 천 생동안 국왕이 될 것이니라.

만일, 이들이 탑묘 앞에서 회향하는 마음을 일으키면 모두 불도를 이루리니, 그 공덕이 끝이 없고 한량도 없느니라.

먹지 못해 굶주린 사람은 줄을 서시오.

할머니. 어디 아프세요? 여기 약이 있어요.

미래 세상에 높은 지위에 있는 이들이 늙고 병든 이들을 위하여

음~ 빨리 도와 주어야지.

응애 응~ 애애

형편도 어려운데 애를 낳았나 봐!

해산하는 부녀자들에게 큰 자비심을 일으켜 보시하여 안락하게 해주면 그 공덕이 불가사의해...

백 겁 동안 정거천(淨居天)의 하느님이 될 것이며, 2백 겁 동안 6욕천(六欲天)의 주인이 될 것이니라. 그리고 영원히 악도에 떨어지지 않고 백 천 생 동안 괴로운 소리를 듣지 않을 것이며, 필경에는 부처를 이루리라.

정거천은 현인들이 계신 곳인가봐?

그래.

거기 가면 여러 현인들을 만날 수 있겠네.

흠흐르흥~

*정거천(淨居天)
색계의 제4선천으로 무번(無煩), 무열(無熱), 선현(善現), 선견(善見), 색구경(色究竟) 이렇게 5하늘이다.

국왕과 바라문등이 늙고 병든 이와 해산하는 부녀자에게 보시하면 미래세에 한량없는 복리를 얻을 것이며, 그 복리를 법계로 되돌려 주면 많고 적음을 떠나 부처를 이룰 것인데 제천, 범천의 하느님이나 전륜왕이 되는 과보를 말해서 무엇하겠느냐?

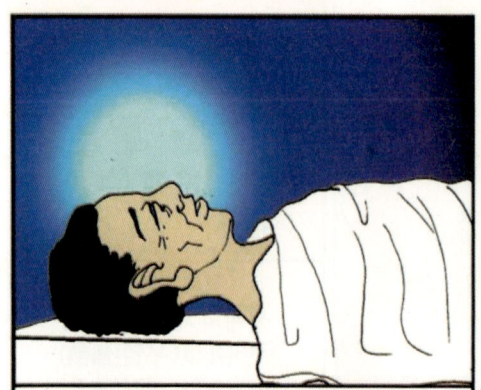

만일 수명을 다해 임종하더라도 귀신들의 보호가 있을 것이며...

죽은 후에도 무간지옥에 떨어지지 않고 하늘나라에서 성불할 것이니라.

만화 지장경

그리고 보시공덕은 법보시와 재물보시가 있는데 보시는 탐욕을 버리고 즐거움을 얻고 깨달음을 얻는다 하여 보살행이라 한다. 조건을 내세워 댓가를 바라는 보시는 올바른 보시가 아니며 마음에서 우러나 하는 보시와 그렇지 못한 보시는 차별이 생길 수 있는 것이니라.

- 249 -

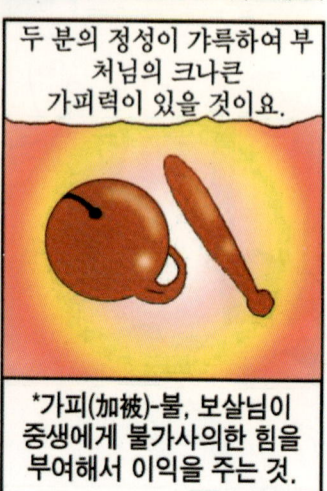

만화 지장경

또한 젊은 부부는 홍수피해를 입은 마을에 곡식을 나누어 주었으며,

아이구~ 이렇게 곡식을 나누어 주니 고맙구려.

아닙니다. 어려울 때 일수록 서로 도와야지요.

마을 사람들은 두 부부를 칭송하며 웃음이 그치지 않는 평화로운 마을이 되었다.

지장보살이여, 불법 가운데에서 선남자, 선여인이 털끝만한 작은 선근만 심어도 그 복덕은 비유할 수 없이 크니라.

또한 불법을 믿고 대경전을 한 귀절 한 게송을 듣고 찬탄 공경 보시 공양한다면

한량없는 과보를 얻을 것이며, 인간세상과 하늘 세계에서 수승한 묘락을 받을 것이니라.

쓰러져 가는 사원과 탑을 못 본 체하고

자신만의 이익이나 자기 이익만을 위한 것으로 한다면 그 과보는 삼생(三生)의 낙으로 끝날뿐, 만 가지 중 하나 밖에 이익을 얻지 못하느니라.

지장보살이여, 보시의 인연 공덕은 이러하니라.

네. 알겠사옵니다. 정성껏 받들어 행하겠사옵니다.

제11품 지신(地神)이 불법을 옹호(擁護)하다.

견뢰지신(堅牢地神)은 대지를 맡는 신이다. 땅을 견고하게 한다고 해서 이같은 이름이 붙었다.
견뢰지신은 교법이 유포되는 곳이면 언제 어디서나 법좌(法座) 아래에서 설법하는 이를 옹호해 왔다.
또 견뢰지신은 부처님께서 도를 이루실 때도 이를 입증하였고, 부처님께서 법의 바퀴를 굴리실 때도 이를 입증하였다고 잡아함경(15)에 기록되어 있다.
견뢰지신은 지장보살을 우러러 찬탄하면서 사람들이 지장보살의 덕화를 받고 산다면 땅으로부터 10가지 특별한 이익을 얻을 뿐 아니라 좋지 않은 일이 발생하지 않도록 옹호하겠다고 다짐하자 부처님께서 이를 칭찬하신다.

만화 지장경

또한, 지장보살은 사바세계에 큰 인연이 있사옵니다.

보현, 문수, 관음, 미륵과 같은 보살들도 백 천 형상의 몸을
나타내어 6도에서 중생을 제도하였사오나 그것은 끝이 있사옵니다.
그러나 지장보살은 서원을 발한 그 겁 수가 천 백 억 항하사와 같나이다.

만화 지장경

첫째-풍년이 들 것이옵니다.

둘째-언제나 집이 평안할 것이옵니다.

셋째-먼저 죽은 이는 천상에 태어날 것이옵니다.

넷째-살아있는 이는 건강하고 장수할 것이옵니다.

견뢰지신아, 그대의 신력은 다른 신들이 따르기 어렵겠노라. 왜냐하면, 사바세계 토지는 그대의 보호를 받고 있는 것...

땅으로 해서 얻는 것, 곡식, 나무, 모래, 돌, 금, 은 등 땅을 의지해 있는 모든 것이 그대의 힘을 입었기 때문이니라.

그대가 지장보살의 이익되는 일을 그렇게 찬양하니, 그대의 공덕과 신통은 보통지신들보다 백 배 천 배나 더 하도다.

미래세에 선남자, 선여인이 지장보살을 공양하며 이 경을 읽되 지장본원경에 의한 한 가지 일만 수행한다 하더라도...

제12품 보고 듣는 것으로도 이익(利益)이 있다.

부처님께서는 제1품에서는 문수보살과 말씀을 나누셨고, 제5품에서는 보현보살과 말씀을 나누셨다. 그리고 이 12품에서는 관세음보살과 말씀을 나누신다.

불교에서는 이들 보살을 권현(權現)보살이라고 한다. '권현' 이란 '과거에 이미 성불하였으면서도 부처의 지위에 머물러 계시지 않고, 중생들 세계로 뛰어들어 중생을 교화 구제하는 보살' 을 가르킨 말이다.

관세음보살은 과거 무량 겁 가운데 이미 성불하여 명호를 '정법명여래(正法明如來)' 라 했는데, 대비원력으로 보살로 화현했다고 한다. 그것은 바로 중생을 위하여 부처님과 보살들이 하나가 되어 움직이며 모든 불, 보살이 한 법신의 화현이기 때문이다.

만화 지장경

부처님께서는 100천 만 억의 큰 호상광명(毫相光明)을 쏟아 놓으시고...

만화 지장경

미묘한 천상의 소리와 음악이 하늘 가득히 울려 퍼졌다.

그대들이여, 들어라. 내가 오늘 도리천궁에서 지장보살이 인간과 천상에 이익을 주는 일,

불가사의한 일, 성인의 인연으로 십지를 얻는 일, 필경에는 깨달음에서 물러나지 않게 하는 일들을 높이 찬탄하리라.

세존이시여!
지장보살이 대자비심으로 죄고
중생을 가엾이 여겨 천 만 억
세계에 천 만 억 몸을 화현하시어
크나큰 공덕과 불가사의한
위신력에 대한 말씀, 저는 들어
알고 있사옵니다.

세존이시여! 시방의 모든
부처님께서 한 목소리로
지장보살의 공덕을
찬탄하옵는데 과거, 현재,
미래의 모든 그 공덕을
아무리 칭찬하셔도 못다
하실 정도라 하시옵니까?

또 앞에서도 세존께서는 대중들에게
말씀하시기를 지장보살이 이익 베푸는 일들을
널리 알리시고자 하신다 하였사옵니다.

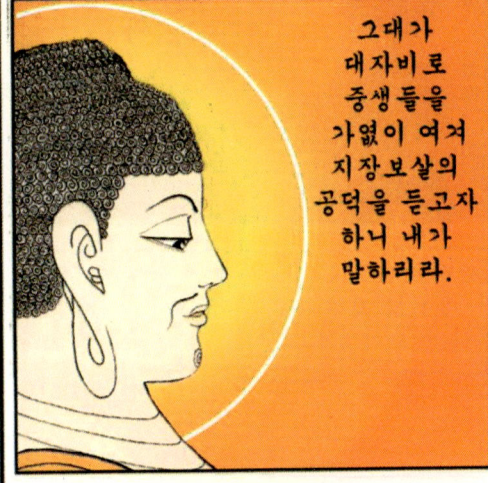

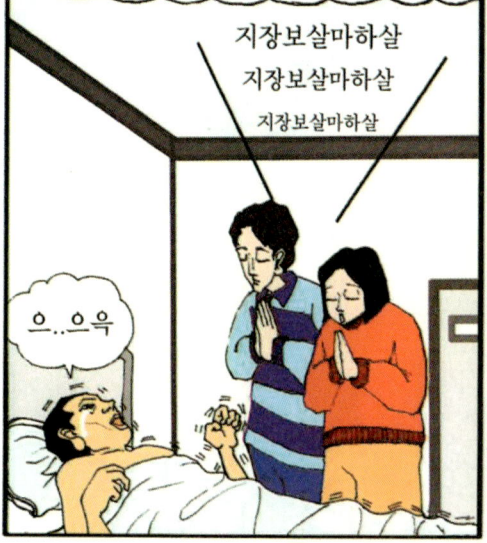

지장보살 형상을 만들거나 그려놓고 명호를 부르며, 공양을 올리고 우러러 보고 절하며, 7일이 되도록 처음 마음 먹은대로 예배하고 공양하면...

지장보살 마하살
지장보살 마하살
지장보살 마하살

가족이 비록 악도에 떨어져 있어도 살아있는 이의 공덕의 힘으로 해탈을 얻어 인간이나 하늘에 태어나 즐거움을 얻을 것이다.

혹, 그 사람이 복력이 있어서 사람이나 천상에 태어나 복을 누리고 있더라도 성스러운 인(因)이 더해져 무량한 낙을 받을 것이니라.

이 사람이 삼 칠일동안 지장보살을 우러러 절하면서 일심으로 만 번의 명호를 부르면 지장보살 분신이 나타나 그 가족이 태어난 곳을 알려 주거나 꿈 속에서 지장보살이 나타나 그 가족을 보여 줄 것이니라.

지장보살마하살
지장보살마하살
지장보살마하살

만화 지장경

그리고 매일 지장보살의 명호를 1,000번씩 불러 1,000일에 이르면 이 사람은 죽을 때까지 보살이 보낸 토지신의 보호를 받아 질병이 없고, 먹고 입는 것이 풍족해 어떤 횡액도 이 집으로 들어가지 못하느니라.

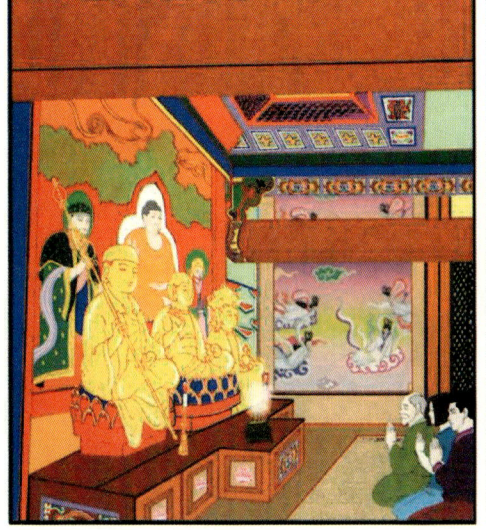

하물며, 이 사람의 몸을 어떻게 해롭게 할 수 있겠느냐? 이 사람은 필경 지장보살의 마정수기를 받게 될 것이니라.

지장보살 마하살
지장보살 마하살
지장보살 마하살

관음보살이여, 미래세에 어떤 선남, 선여자가 대자비심을 펴 모든 중생을 구제하고자 하거나, 위없는 보리도를 닦아 삼계를 벗어나고자 하거든...

지장보살의 형상을 보거나 이름을 듣고 지극한 마음으로 귀의해 향과 의복, 보배와 음식을 공양하고 우러러 예경하면 소원이 이루어져 영원히 장애가 없게 될 것이다.

이런 사람은 지장보살상 앞에 지극정성한 마음으로 명호를 외우고, 마음에서 우러나온 공경심으로 업장을 소멸해 주도록 고백하고 향과 음식, 온갖 장엄구를 보살께 공양하고...

청정한 물 한 그릇을 하루동안 보살전에 올렸다가 합장하고 마실 것을 청한 다음, 머리를 남쪽으로 향하고 정중한 마음으로 마시고는...

식사하시는데 술도 한 잔 하시고, 안주로 마늘과 고기도 들어 보세요.

오신채는 사양하겠습니다.

오신채(五辛菜)와 술, 고기, 사음, 망어, 살생을 7일 또는 삼 칠일간을 삼가하면

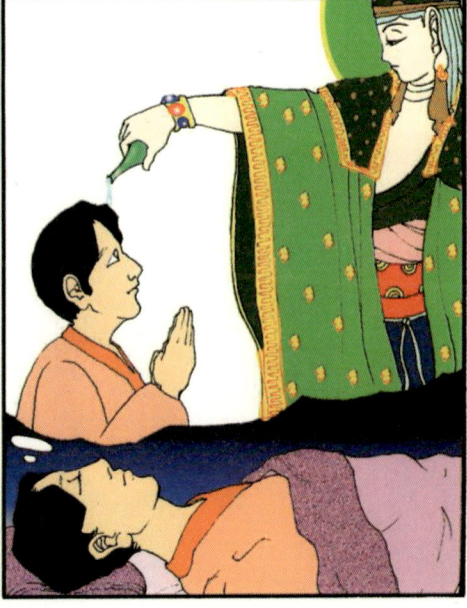
이 사람은 꿈에 지장보살을 만나게 되는데, 보살이 무변신을 나타내어 관정수(灌頂水)를 줄 것이니라.

관음보살이여, 미래에 선남, 선여자가 생업을 위해 깊은 산 속에 들어가거나 큰 강, 바다를 건너거나 위험한 곳에 있더라도...

지장보살 이름을 듣거나 형상을 보며 지극한 마음으로 공경심을 내어 지장보살 이름을 10,000번 염불하면 여의치 않은 일들이 차츰 사라지고 먹고 입는 것이 풍족해져 안락함을 얻고 꿈도 편안해지리라.

먼저 지장보살 명호를 만 번 염불하면 가는 곳 마다 토지신의 보호를 받고 언제나 안전하고 편안할 것이며...

호랑이나 늑대, 귀신 등 맹수를 만나더라도 감히 해치지 못할 것이니라.

관세음보살이여, 지장보살은 사바세계의 큰 인연이 있어 중생들이 보고 듣게 해서 이익되게 한 일을 백 천 겁 동안 말해도 다 할 수가 없느니라.

참으로 장한 보살이 옵니다.

관세음보살이여, 그대의 신력으로 이 경을 널리 알리어 사바세계의 중생들이 백 천 만 겁 동안 길이 안락을 누리게 하라.

1. 지장보살에게 귀의하면 천복을 얻고 삼악도의 죄보를 면할 것이다.
2. 지장보살을 조성하거나 모시면 산사람은 크나큰 공덕을 얻을 것이며 죽은 뒤에는 천상에 태어나는 기쁨을 누릴 것이다.
3. 지장보살을 지극정성으로 모시고 명호를 염불하면 마정수기를 받을 것이다.
4. 지장보살을 예배하고 명호를 부르면 소원을 이루고 영원히 장애가 없을 것이다.
5. 지장보살을 우러러 공양하고 찬탄하면 구하는 대로 이루어질 것이다.
6. 지장경을 지극정성으로 외우고 독송하면 총명해질 것이다.
7. 지장보살을 지극정성으로 공양하고 공경하면 질병이 없어지고 모든 어려움이 물러갈 것이다.
8. 지장보살 명호를 지극정성으로 염불하면 위험한 곳에 있더라도 보호를 받고 가족이 편안할 것이다.
9. 지장경을 펴 널리 알리면 백 천 만겁 동안 안락을 누릴 것이다.

만화 지장경

어려서 부모 잃어 부모 계신 곳
알 수 없어 형제자매 친족까지
사는 곳 어디인지 보살 형상 그려
걸고 보살 형상 만들어 우러러
절하고 우러러 매달려 삼칠일
무릎 꿇고 보살 이름 부르니 무변(無邊)의
몸 나타내 안내하시네.
부모친족 계신 곳, 악도에 떨어진 이, 모두
구원하고 처음 마음 그대로니
마정수기 주시네.

제13품 사람과 하늘을 부촉(咐囑)하시다.

부처님께서 먼저 지장보살의 신기한 신력과 자비, 지혜와 변재를 칭찬하시고 나서 지장보살께 예경하면 28가지 공덕과 7가지 이익이 있음을 말씀하신다. 더불어, 현재, 미래의 모든 중생들에게 존경과 믿음을 가지고 이 경을 듣고 독송하면서 정성을 다해 보시공양 할 것을 당부하신다.
그리고 지장보살님께 악도에서 헤매이는 현재와 미래의 모든 중생들을 구출하라는 당부 말씀을 하신것으로 도리천궁의 대법회를 마치신다.
우리는 이 감격적인 말씀에 다시 한 번 감사드리지 않을 수 없다.
　　　　　　　"나무 대원본존 지장보살마하살!"

만화 지장경

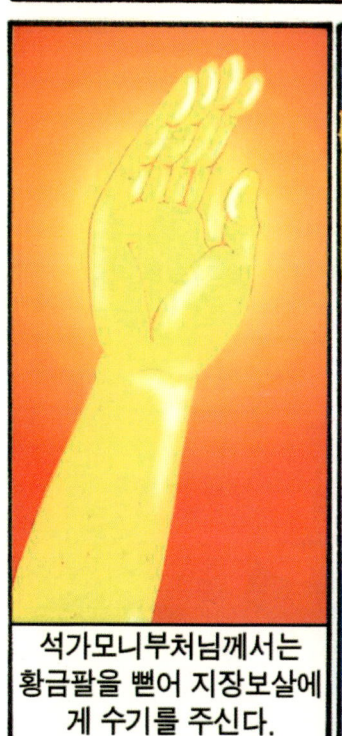

석가모니부처님께서는 황금팔을 뻗어 지장보살에게 수기를 주신다.

시방의 모든 부처님이 그대의 불가사의한 신통력을 천 만 겁 동안 찬탄하여도 다하지 못할 것이니라.

지장보살이여, 내가 오늘 도리천궁에서 백 천 만 억 헤아릴 수 없는 불, 보살과 하늘, 용, 팔부가 모인 대법회에서 다시 한 번 부촉하노니 삼계의 불집 속에서 아직 벗어나지 못한 중생들을 하루라도 빨리 구제하여...

오무간 지옥이나 아비지옥 같은 곳에 떨어져 나올 기약이 없는 일이 있어서는 안 될 것이니라.

그 점, 염려하지 마시옵소서.

지장보살이여, 사바세계 사람들은 생각과 성품이 어질고 바르지 않아, 악행을 쉽게 하면서도 선행은 어렵게 하여 악한 인연을 만나면 악한 생각이 더 많이 늘어나고...

내 그대에게 부촉하노라. 현재와 미래의 모든 중생들을 큰 신통의 힘과 여러 방편으로 악도에 떨어지지 않게 하라.

지장보살 마하살
지장보살 마하살
지장보살 마하살

세존이시여! 염려하지 마시옵소서. 현재나 미래세에 선남, 선여인이 불법 가운데 한 생각만 공경심을 내어도 제가 백 천 방편으로 생사에서 해탈을 얻게 하겠나이다.

또한, 착한 일을 듣고 생각, 생각 닦아 나아가기 힘쓰는 이들을 모두 무상도에서 영원히 퇴전치 않게 하겠나이다.

장하도다. 지장보살의 위신력이 우주 법계에 가득하구나.

만화 지장경

1. 하늘과 용이 보호해 준다.

2. 착한 과보가 날로 늘어난다.

3. 거룩한 분들과 인연이 이어진다.

4. 진리를 얻되 물러나지 않는다.

5. 먹고 사는 것이 풍족하다.

6. 질병에 걸리지 않는다.

7. 화재나 수해의 재난에서 벗어난다.

만화 지장경

8. 도적 등의 액운이 없어진다.

9. 사람들에게 존경과 흠모를 받는다.

10. 귀신들이 도움을 준다.

11. 여자는 남자로 태어날 수 있다.

12. 여자라면 귀한 집에 태어난다.

13. 항상 용모가 단정하다.

14. 늘 천상에 태어난다.

15. 제왕이 된다.

20. 나쁜 길로 빠져들지 않는다.

21. 하는 일 마다 막히거나 통하지 않는 곳이 없다.

22. 항상 편안한 잠을 잔다.

만화 지장경

23. 조상들이 괴로운 길에서 벗어난다.

24. 지은 복을 고루 받는다.

25. 모든 성현들이 찬탄한다.

26. 근기가 맑고 총명해 보고 듣는 것이 밝아진다.

27. 마음이 넉넉하고 너그로워 자비로운 일을 많이 하게된다.

28. 필경에는 큰 수행을 해 성불하게 된다.

만화 지장경

허공장보살이여, 만일 현재나 미래에 천, 용, 귀신들이 지장보살 명호를 듣고 형상을 예배하거나, 지장보살이 행한 이야기에 따라 그대로 수행 찬탄 예경하면 7가지 이익을 얻게 되느니라.

첫째, 속히 성현의 지위에 오른다.
둘째, 모든 악업이 소멸된다.
셋째, 많은 부처님께서 보살펴 주신다.
넷째, 진리에서 물러서지 않는다.
다섯째, 본원력이 더욱 커진다.
여섯째, 숙명을 통달한다.
일곱째, 필경에는 부처를 이룬다.

만화 지장경

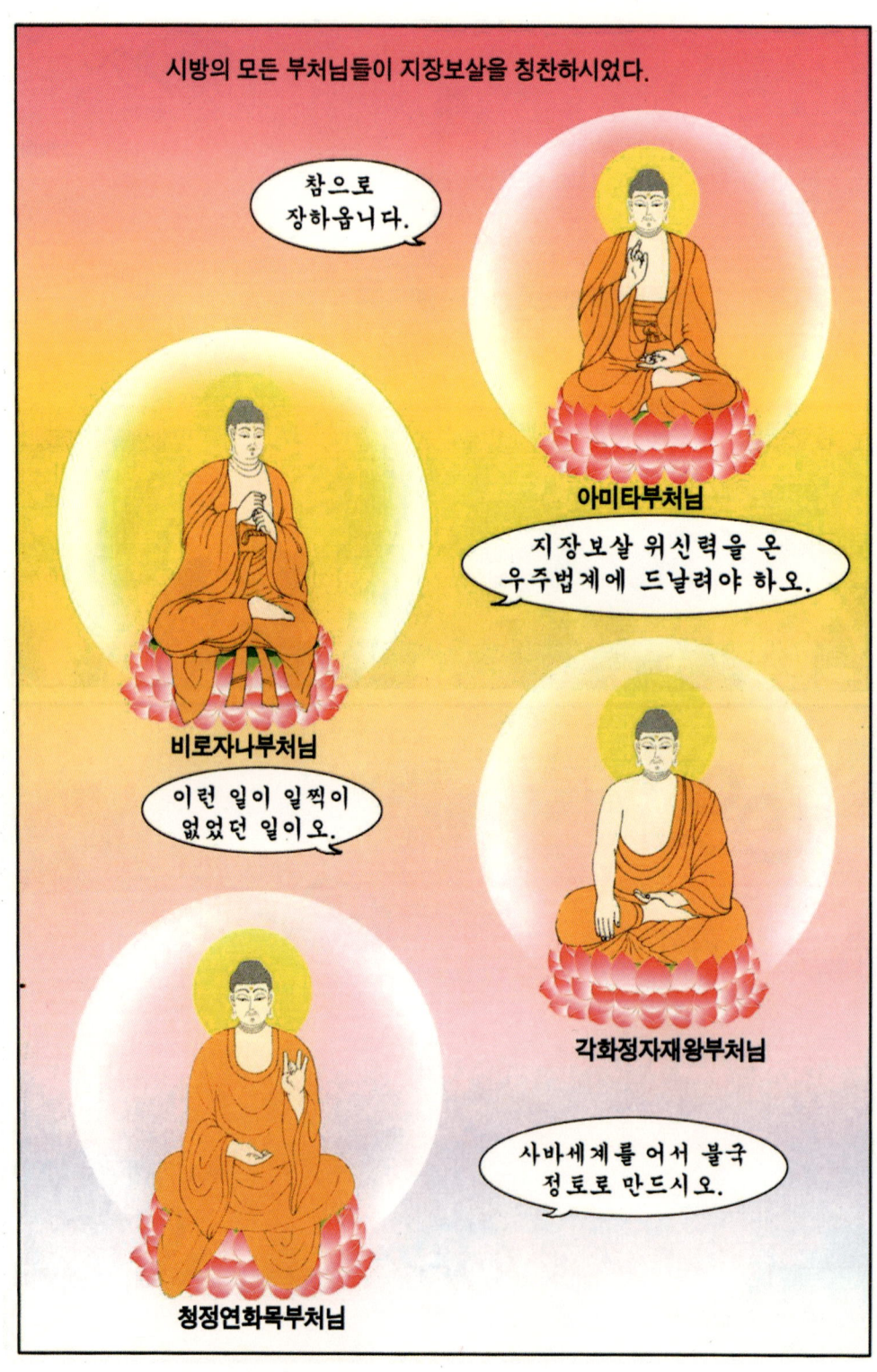

"地藏大聖威神力 恒河沙劫說難盡
　見聞瞻禮一念間 利益人天無量事,

지장보살 대성인 크고 크신 위신력
항하사 겁 말해도 다할 수 없어라.
보고 듣고 우러러 예의 갖춘 그 순간
내려주신 자비심 헤아리기 어렵네."

나무 유명교주 지장보살 마하살
나무 남방화주 지장보살 마하살
나무 대원본존 지장보살 마하살

멸정업진언,
옴 바라마니 다니 사바하
옴 바라마니 다니 사바하
옴 바라마니 다니 사바하

- 우리는 어떻게 살아 왔는가?
- 우리는 어떻게 살고 있는가?
- 우리는 어떻게 살 것인가?

"결국은 뿌린대로 거둔다." 라는 평범한 진리는 현대 사회를 살아가는데 어떻게 살 것인지 시사하는 바가 크다.
지장경 내용을 교훈으로 삼아 참 삶의 가치를 바로 깨달아 모든 분들께서 성불하시길 기원합니다.

지장본원경 끝

중국 구화산의 지장왕보살로 추앙 받은 김교각 스님 상像.

지장보살이 된 신라의 김교각(金喬覺) 스님 일대기

현장스님(대원사 주지) 글

보성 대원사 김지장성보박물관에 모셔진 김교각(金喬覺, 697년~794년) 스님 상像.

1. 서기 696년, 신라 계림의 왕족 집안에 한 사내아이가 탄생하였으니 그의 부친은 김흥광으로 훗날 성덕대왕이 되었고 모친은 성정왕후(成貞王后 金氏)가 되었다. 탄생할 때부터 그 풍모가 기이하고 복혜구족 하였다.

   첫 속명은 중경(重慶)이며, 학명은 수충(守忠)이다. 24세에 당나라에서 출가하여 교각(喬覺)이라는 법명을 받았다.

2. 교각은 유년시절부터 총명하고 자애로웠으며 학문을 즐겨 도를 깨달았다. 다른 왕가의 자손들과는 달리 성실하며 교만하지 않

앉고, 언제나 학문에 분발하였다.

3. 수충은 독서를 좋아하였다. 특히 학문, 불학, 예의, 천문, 지리를 아주 좋아하여 이들 학문에 대한 자신만의 독특한 견해를 가지고 있었다.

4. 청년 시절에 키가 7척(2m 10cm 가량)이요 기골이 장대하니 그 힘이 능히 열 사람의 범부를 당할 만하여 부모의 마음을 기쁘게 하였다.

5. 당시의 신라는 망망대해를 사이에 둔 당나라와 선린의 관계를 유지하며 교류가 빈번하였다. 서기 714년, 성덕대왕은 수충을 당나라에 숙위 학생(일종의 유학생)으로 보내어 학문에 정진케 하니 그의 나이 18세 때의 일이었다.

6. 당 현종이 왕자 수충을 대하매 사람됨이 크고 기골이 장대하며 몸가짐이 출중하니 먼저 숙위를 받아들이고 후에 대감직에 봉했다.

7. 현종은 또한 친히 수충을 접견하고는 수충을 총애하여 조당에서 연회를 베풀었으며, 머물 집과 비단을 하사하였다.

8. 수충은 당의 수도 장안성을 유람하였다. 둘레가 7십 리에 달하는 장안성은 천하 제일의 성도라는 이름에 걸맞게 고매한 기운이 감돌았으며, 온갖 새로운 학문과 문명이 번창하고 있어 수충을 흥분시키기에 충분했다.

9. 수충은 학문을 즐기면서도 널리 교분을 맺었다. 그의 허심탄회한 성품은 이내 친구들을 끌어당겼고 그들로 하여 수충은 많은 지식을 습득할 수 있었다.

10. 수충은 낙양의 백마사를 방문하여 예를 다하여 고승을 친견했다. 불법의 진리를 통했던 이때의 여행은 수충에게 깊은 인상을 남겼다.

11. 수충은 또한 하남성의 숭산 소림사를 찾아 달마선실을 참관하

였다. 그리고는 마침내 불법에 대해 깊이 고찰하기에 이르렀다.
12. 수충은 소림사의 고승을 찾아 뵙고 서로 예물을 교환하였다.
13. 717년 4월, 당 숙위 4년만에 수충은 모친의 급전을 받고 고국 신라로 돌아왔다.
14. 이때 신라는 왕실의 암투가 격렬하였다. 그의 부친 성덕대왕은 모후 성정왕후를 폐하여 사가에 머물게 하고 그의 큰 아우인 중경을 태자로 책봉하였다. 수충은 궁 밖으로 쫓겨났다.
15. 당에서 돌아온 뒤로 수충은 마음의 평정을 찾지 못하고 그의 모친과 서로 의지하며 지냈다.
16. 수충은 당에서 보낸 4년 여 동안의 숙위생활을 떠올렸다. 시·서·예·의나 삼교구류의 가르침을 생각해 보면 궁중에서의 참담한 암투는 크게 각성해야 할 일이었다.
17. 수충은 오로지 불법만이 고난을 이겨낼 수 있다고 여기고 불법에 귀의하기로 마음먹었다. 그는 자신의 모친을 속이고 절로 들어가 삶의 해탈을 탐구하기 시작하였다.
18. 수충이 마침내 한 사찰에서 출가하니, 그는 이름과 성을 숨기고 다만 법호를 지장이라 하였다. 그는 죽는 날까지 불법의 진리를 깨닫기 위해 큰 서원을 세우고 정진하였다.
19. 719년, 지장은 행장을 수습하여 '흰 개'와 함께 상선을 타고 거친 풍랑을 헤치며 당나라로 다시 향했다. 이상적인 수행의 땅을 찾아나선 것이었다.
20. 수충이 탄 상선은 절강성의 보타산 근처에 이르러 거센 풍랑을 만나 잠시 정박하게 되었다. 지장은 부근의 어민들이 사는 민가에 숙소를 정하였다.
21. 그날 밤이었다. 밤이 이슥해지자 문 밖이 소란스러워지더니 덜컥 방문이 열렸다. 해적이 침입한 것이었다. 해적은 모두 네 명이었는데 행동이 흉폭하기 그지없었다.

보성 대원사의 김지장성보박물관.

22. 지장은 부드러운 말로 그들을 설득하였다. 그러나 해적들은 끝내 지장의 말에 복종하지 않았다. 지장의 무술을 알 까닭이 없는 해적들이었다. 마침내 지장은 악을 제거하고 선을 펴고자 마음 먹고 힘을 쓰니, 땅바닥에 널브러진 해적들은 한 놈도 다시 일어나지 못한 채 신음소리만 내뱉고 있었다.

23. 지장은 측은한 마음이 들지 않을 수 없었다. 지장이 해적들을 불러모아 불법의 진제眞諦를 쉽게 깨우쳐 주니 그들의 얼굴에는 부끄러워하는 빛이 역력했다. 해적들이 크게 깨달아 다시는 못된 짓을 하지 않을 것을 안 지장은 그들을 풀어주었다.

24. 풍랑이 가라앉자 지장은 다시 수행길에 올랐다. 마을 사람들은 그 며칠 사이 지장의 인품과 선풍을 흠모하게 되었다. 사람들은 마을 멀리에 있는 포구까지 따라나오며 지장과의 작별을 아쉬워했다.

25. 뱃머리가 거친 바다 물결을 가르기 시작하더니 얼마 가지 않아 절강성의 항주에 닿았다. 항주에는 금화 만불사가 있었다. 만불사는 불법을 수행코자 하는 승려들이면 누구나 찾는 절이었다. 지장은 지체없이 만불사에 머물면서 몰아지경에 들었다. 지

장이 경을 읽고 널리 법을 펼치니 만불사에는 더욱 많은 승려들이 모여들었다.

26. 지장이 있는 동안, 만불사는 불법이 크게 일어나고 도풍이 진작되었다. 아녀자의 무리들까지도 제자가 되기를 원했으나 지장은 단지 승려들에게 전념하였다.

27. 어느 날 좌선에 몰입되어 있던 지장은 홀연, 한 꿈을 꾸었다. "이상적인 수행의 땅은 이곳처럼 변화한 도시에 있는 것이 아니니라, 마땅히 심산유곡에 있을 것인 즉 그 산은 높고 신령한 기운을 가졌으며, 청정하고 청량한 기운을 가졌느니라." 꿈에서 깨어난 지장은 문득 깨달음을 얻어 크게 기뻐하였다. "더 이상 만불사에 머물지 않으리라."

28. 지장은 다음날 만불사를 나왔다. 꿈에서 본 듯한 길을 따라 동으로 동으로 길을 재촉했다. 울창한 수림이 앞을 막아서는 산과 깎아지른 절벽이 버티고 있는 준령을 넘어야 했다.

29. 어느덧 절강성의 봉황산을 지나쳤고,

30. 길을 잃어 해매던 끝에 휴령의 제운산을 넘었다.

31. 휴령에서 다시 길을 재촉한 지장은 장강(양자강)변 귀지의 만라산을 지났다.

32. 장강의 거센 물살을 힘들게 거슬러 올라온 나룻배는 귀지의 석문촌에 이르러 마침내 닻을 내렸다.

33. 오랜 선상 여행에 지친 지장은 석문촌에서 하선했다. 그곳에서는 처사 고제라는 사람이 있어 추앙을 받고 있었다. 지장은 고제와 친교를 맺어 오랫동안 석문촌에 머무르며 소석묘에서 시를 짓기도 했다.

34. 그러면서 지장은 자기가 찾는 영산에 대한 이야기를 자주 했다. 처음에는 지장의 뜻을 못본 척하던 고제도 마침내는 그의 정성에 감동하여 한 곳을 가르쳐 주었다. 그곳은 동쪽으로 더

내려간 곳에 위치한 구화산이었다.

35. 지장은 곧바로 고제를 작별하고 구화산으로 가기 위해 길을 떠났다. 밤낮을 가리지 않고 산을 넘고 물을 건너 헤매던 끝에 지장은 구화산 북쪽의 노전고을에 도착할 수 있었다.

36. 지칠 대로 지친 지장은 주저없이 고을에서 가장 큰 집으로 들어섰다. 노전 고을의 오용지는 처음 보는 스님이건만 지장에게 먹을 것을 주고 잠자리를 제공하였다. 다음날 지장이 구화산을 찾아온 까닭을 이야기하자 오용지가 빙그레 웃으며 민양화를 찾게 하니, 지장은 크게 감격하여 〈수혜미酬惠米(은혜로운 쌀에 감사하며)〉라는 시를 지어 오용지에게 답례하고 산으로 올랐다.

37. 오용지가 말했던 민양화의 집은 한나절이 지나서야 도착할 수 있었다. 구화산의 험한 계곡을 올라가 마을로 들어서니 민양화(閔讓和) 부자가 지장을 맞이했다.

38. 지장은 민양화의 집에서 며칠을 머물렀다. 그러던 어느 날, 민양화가 물었다. "무엇을 구하시는지요?" "내가 천 리를 마다않고 구화산까지 달려온 것은 널리 불법을 펼칠 적당한 땅을 찾기 위함이었소. 내 몸을 의지할 가사자락 정도나 덮을 수 있는 땅이면 되겠소." "그거야 못 구해 드리겠습니까?" 그때였다. 지장이 가사자락을 펼치니 구화산 전체가 가사자락에 덮여버렸다.

39. 순간, 민양화는 크게 깨달은 바가 있었다. 신을 희롱하는 듯한 고승의 불법이 광대무변함도 알 수 있었다. 민양화는 그 자리에서 자신의 아들을 출가시켰으니, 그가 바로 도명(道明)화상이다. 뒤에 민양화 또한 속세를 등지고 지장의 제자가 되었다.

40. 민양화가 비록 구화산 전부를 시주하였다고는 하나, 아직은 진리의 깨달음을 외면한 채 바람을 막고 하늘을 가릴 절집을 구할 때가 아니었다. 지장은 험한 산과 계곡을 넘어 노호동의 동쪽 골짜기로 향했다. 산꼭대기 바로 아래에 양지 바르고 평평한 곳

이 나타났는데 거기에는 한 사람이 생활하기에 알맞을 정도의 동굴이 있었다. 동굴로 들어간 지장은 면벽한 채 참선에 들어갔다.

41. 지장이 동굴 안에서 고되게 수행을 하니, 그의 무념무상의 참선은 독사도 어쩌지 못했다. 전해오는 말로는 산신이 지장의 정성을 의심하여 그를 시험하느라 아리따운 여인을 보냈다 하였다.

42. 여인은 온갖 교태를 부리며 백방으로 그를 유혹했다. 하지만 지장은 불호만을 염불할 뿐 마음에 동요됨이 조금도 없었다.

43. 마침내 여인은 옷을 벗고 목욕을 하였으며, 근처에는 독사가 우글거리기 시작했다. 그러나 지장의 태도에는 일말의 흔들림도 보이지 않았다.

44. 지장의 마음은 반석과 같았다. 비로소 산신이 감동하여 영약과 샘물을 주니, 지장은 합장하여 감사한 마음을 보여주었다.

45. 지장은 사부대경을 귀중하게 생각하였다. 하지만 산중에는 사부대경의 필사본이 없어 이를 구하기가 쉽지 않았다. 지장은 친히 백 리 밖의 남릉으로 나아가 이를 필사하고자 하였다. 사부대경이란 〈무량수경〉, 〈관무량수경〉, 〈아미타경〉, 〈고음성다라니경(아미타고음성왕다라니경)〉 등을 가리킨다.

46. 이때 제자 남릉학사 유탕이 있었다. 유탕은 멀리 이국에서 온 지장을 흠모하여 따랐다. 유탕이 지장의 뜻을 알고는 흔쾌히 남릉으로 나아가 사부대경을 필사하여 바치니, 지장은 비로소 보배와도 같은 경전을 얻을 수 있었다.

47. 지장은 동굴에서의 고된 수행을 멈추지 않았다. 하루는 밖으로 나와 멀리 남쪽을 바라보니, 자욱한 구름에 싸인 채 하늘로 솟아있는 천대봉이 마치 선경과도 같았다. 지장은 흰 개를 데리고 천대봉으로 올랐다. 천대봉 경대의 끝에 이른 지장의 입에서는

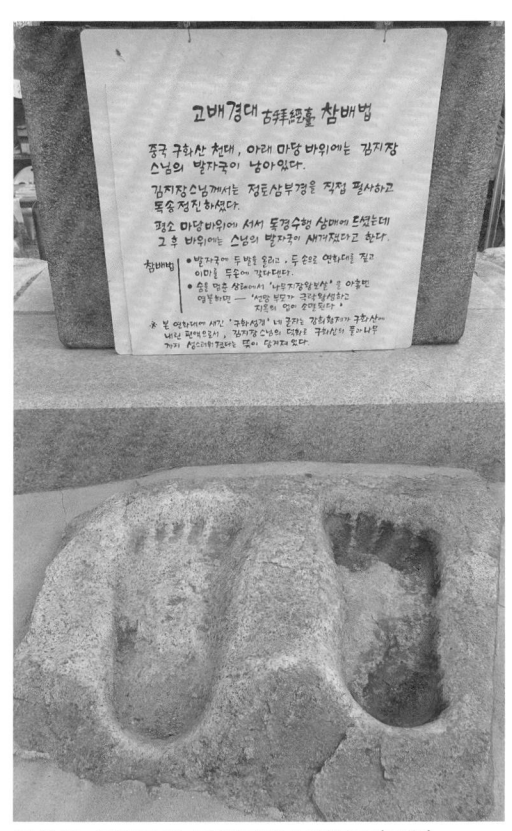

구화산 천대봉의 고배경대古拜經臺(모형)

49일 동안이나 경이 읊어지고 있었다.

48. 지장은 고된 수행을 멈추지 않으며, 항상 정성을 다하여 경을 읽고 정신을 가다듬었다. 마침내 그의 정성은 관세음보살을 감동시켰고 관세음보살은 그의 앞에 현신해 경을 듣기도 하였다.

49. 어느 날은 대붕이 날기를 멈추고 지장의 경 읽는 소리를 들었다.

50. 구름 위에 뛰놀던 청룡도 머물러 지장의 경 읽는 소리를 들었다.

51. 지장이 49천의 부처들께 절하며 경을 읊음이 끊이질 않으니, 석가여래조차도 시간이 지나감을 잊고 있었다.

52. 지금도 배경대에는 깊게 파인 지장의 두 발자국이 남아 전해지고 있어 그의 자취를 길이 남기고 있다.

53. 하늘이 조화를 부리고 귀신이 다듬었음인가. 본래 관세음보살이 경을 듣던 곳에는 하나의 옥석이 늘씬한 자태를 보이며 길게 솟아올랐고, 사람들은 이를 관음석이라 부르고 있다.

54. 대붕이 날개를 접었던 곳에는, 벼락에 맞아 깍인 듯 가파른 절벽으로 솟았는데 한 마리의 매가 금방이라도 날개를 펼 듯한 형상으로 천태봉의 위용을 떨치고 있는데, 이는 노응배벽이라 불린다.

부록 1: 지장보살이 된 신라의 김교각 스님 일대기

대원사 김지장박물관에 소장된 김교각 스님 상像.

55. 청룡이 경을 듣던 곳에는, 과일이 매달린 듯 신묘하고 위태롭게 솟아오른 알벽이 마치 촛대에 불을 밝힌 형상을 하고 있다. 이 납촉봉의 꺼지지 않는 촛불은 영원히 지장도량에 밝은 빛을 비출 것이다.

56. 지장이 우러러 경을 염하던 아름다운 이야기를 기리기 위하여 후세 사람들은, 납촉봉 남쪽 정상에 웅장한 천태사를 지었다. 천태사는 1천 년을 향연에 싸여 그 맥을 유지하고 있다.

57. 천태사 앞에는 구화산 최고봉인 시왕봉이 솟아있는데 해발 1,342m에 달한다.

58. 어느 날 지장이 흰 개 지체를 데리고 산 속에서 길을 찾고 있었다. 홀연 사납게 울부짖는 산짐승의 소리가 들려왔다. 그때였다. "살려주세요!" 어린아이의 비명소리가 거듭 들여왔다. 지장

이 정신을 가다듬어 바라보니 호랑이 한 마리가 막 아이를 삼키려 하고 있었다.

59. 지장은 지체없이 호랑이에게 몸을 날렸다. 흰 개 지체도 동시에 호랑이한테 달려들었다. 순식간의 일이었다. 그 사납던 호랑이는 기운 한번 못쓴 채 바위에 매달렸다. 사람들은 후에 이 바위를 석호봉이라 하였다.

60. 목숨을 건진 어린아이는 귀지의 석문촌에 사는 고아로 겨우 13살이었다. 지장이 불쌍히 여겨 거두고자 하니 아이는 그 뜻을 따라 제자가 되었다.

61. 동자는 지장의 보살핌을 받으며 천진만만하게 생활했다. 언제나 그림 그리기를 좋아하며 즐겁게 지냈다.

62. 그러나 너무 어린 동자로서는 산속의 적막함을 참기가 어려웠다. 얼마 지나지 않아 동자가 하산할 것을 청하니 지장은 청을 물리칠 수가 없었다. 지장은 시 한 수를 지어 동자를 전송했다.

63. 지장은 수행하는 동안에도 일하기를 멈추지 않았다. 제자 승유 등을 이끌고 물길을 만들고 수전을 개간하였다. 지금도 화성사 계곡에는 계곡의 물을 끌어들여 논밭이 가득하고 그 물로 방생지를 가득 채우고 있다.

64. 지장은 몸을 돌보지 않고 힘써 개간에 나섰다. 그의 간절한 정성은 그칠 줄을 몰랐다.

65. 지장은 화성사 계곡에 황립도를 시험적으로 재배하는데 성공하였다. 황립도는 밥을 하면 색깔이 누런 벼로, 도톰하며 향기가 그윽했다. 산 속의 사람들은 기뻐 어쩔 줄을 몰랐다. 전하는 말에 의하면 황립도는 지장이 신라에서 가져온 것이라고 한다.

66. 지장은 또 산꼭대기에 금지차를 심었다. 지금까지도 금지차는 질이 아주 좋은 녹차로 인정받고 있는데, 이것 역시 신라에서 가져온 것이라 전해지고 있다.

67. 지장은 제자들을 거느리고 향림봉 아래의 백설현에 머물렀다. 먹을 것이 부족하자 지장은 하얀 백토를 구하여 감로수로 밥을 지어 대중들을 공양하였다. 오랫동안 여름에는 흙으로 밥을 지어 먹었고 겨울에는 모닥불로 옷을 삼아 지내는 등 간고하게 지냈다.

68. 지장은 대중들을 교화하였다. 대중들은 모두가 마음에 큰뜻을 품고 각고의 수행을 지속하였다. 갈수록 힘든 생활이었지만 대중들은 더욱 견고한 마음으로 수행에 정진하였다.

69. 지장은 전다봉을 찾아 주민들에게 살생을 하지 말며, 익조(益鳥: 사람에게 도움이 되는 새)를 보호하여 멀리하지 말 것 등을 설하였다.

70. 당 지덕(至德, 756~758) 년간 초기에 청양현의 제갈절(諸葛節)이 산에 올랐다. 제갈절은 동쪽의 석굴에서 참선에 들어있는 한 노승을 볼 수 있었다.

71. 제갈절은 놀라 가까이 다가가서 자세히 보았다. 어두침침하고 습기가 가득한 석굴 안에는 다리를 접을 수 있는 쇠솥이 하나 있었는데, 그 안에는 백토가 가득했고 드문드문 쌀이 섞여 있었다. 그것을 본 제갈절은 크게 감동하여 그 자리에 무릎을 꿇었다.

72. 제갈절 등은 단공의 옛 땅에 절을 지을 것을 청했다. 지장은 이를 수락하였다. 이 소식을 들은 사람들이 불사에 참여하기 위해 사방에서 몰려들었다. 그들이 터를 다지고 나무를 벌목하여 절을 지으니, 드디어 수행의 도량이 그 모습을 드러내기 시작했다.

73. 마을의 모든 주민들과 대중들의 노력에 힘입어 불사는 순조롭게 진행되었다. 이윽고 지장은 승유 등의 제자들을 이끌고 친히 본당을 올리니 구화산 화성사가 마침내 완성되었다.

74. 지주 태수 장암이 지장의 고고한 기품을 추앙하여, 많은 재물

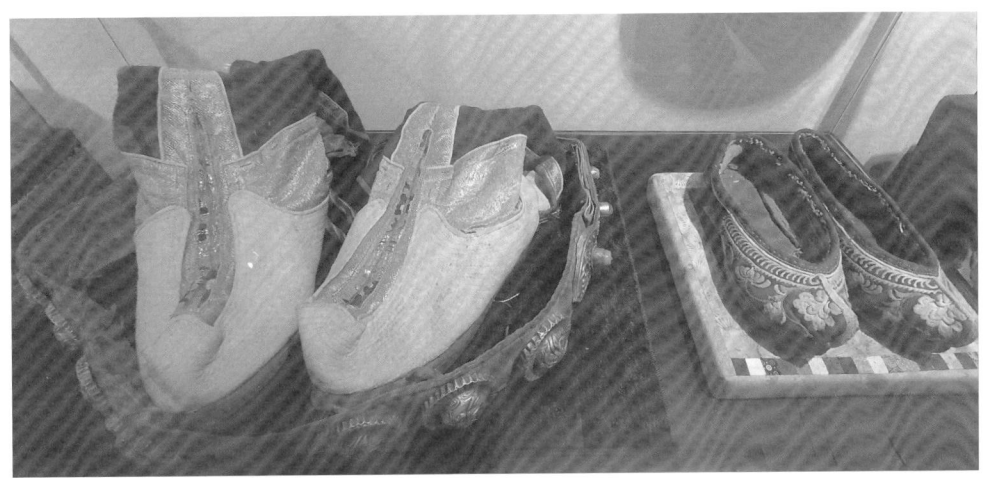
김교각 스님이 신던 신발(김지장박물관)

을 보시하였다. 또 조정에 상주하니, '화성사'라는 편액을 내렸다.

75. 지장은 가르침에도 게으르지 않았다. 연좌암에 있을 때에는 승속들이 경을 청하기를 멈추지 않았다. 지장은 경을 담론하며 도를 논함에 있어 승속들에게 대자대비한 마음을 지녀 악을 짓지 말 것을 설하였다.

76. 지장이 전다봉에 있을 때에는 늘 객들을 불러 삶의 철학을 이야기했고 불법의 전체를 펼쳐 보였다.

77. 지장은 또한 나한봉에 있을 때에도 자명계곡에 온 객들을 불러, 경을 설하고 불법을 널리 전하기를 하루도 쉬지 않았다. 사방에서 몰려든 신도들은 지장의 지극한 정성에 감동하여 깨닫지 않은 자가 없었다.

78. 전해오는 말에 의하면 신라에서 온 사자 소우, 소보는 지장의 숙부들이었다. 그들은 구화산에 파견되어 지장의 환국을 권하였다. 그러나 지장이 두 숙부에게 경과 도를 설파하니 마음으로 움직이고 예로써 깨우칠 수 있었다.

79. 두 숙부는 매우 감동하여 돌아가지 않고 구화산에 남아 지장

지장보살본원경(금동판각)

을 도와 도향을 건축하였다. 두 숙부가 입적한 뒤 사람들은 이 성전을 지어 그 뜻을 기렸다.

80. 전해오기를, 지장의 모친이 바다를 건너 천리 길을 마다않고 구화산을 찾아왔다. 모친의 도착 소식을 들은 지장은 만감이 교차하였다. 땅바닥에 꿇어 큰절을 올린 지장은 오랫동안 일어날 줄을 몰랐다. 지장의 모친은 아들에게 함께 돌아갈 것을 청했다. 그러자 지장은 모친에게 말하기를 "지금 떠난다 하여도 바다를 건널 수 없을 것이옵니다."

81. 모친이 감정을 이기지 못해 삼일 밤낮을 울며 보내니 눈이 보이지 않았다. 지장이 크게 모친을 숭앙하여 화성사 앞의 우물에서 물을 길어 눈을 씻어주니, 마침내 다시 볼 수 있게 되었다.

82. 모친이 숨을 거두자, 사람들은 지장의 모친을 기리기 위하여

우물을 만들고 한 보탑을 세웠다. 후에 사람들이 우물은 명안천이라 했으며, 탑은 낭랑탑이라 불렀는데 지금까지도 전해오고 있다.

83. 당 정원 10년(서기 794), 지장은 세수 99세를 맞이했다. 7월 30일, 지장은 대중들을 불러놓고 홀연히 세상을 떠났다.

84. 당나라 사람 비관경은 지장이 입적할 당시 "산에서 돌이 굴러 떨어졌으며, 화성사의 종은 아무리 쳐도 소리가 나지 않았다."고 기록하고 있다.

85. 지장의 육신은 가부좌한 채 석함에 안치되었다. 3년 후 석함을 열어보니, 얼굴색이 살아있을 때와 변함이 없었고 뼈마디에서는 금반을 흔드는 듯한 소리가 났다. 불경에 이르기를 이런 소리가 나면 보살이라 하였다. 대중들은 이를 보고 지장의 영령이 다시 돌아온 것으로 믿었다. 그리하여 중국에서의 지장보살이 생겨난 것이니 그의 속성은 김씨이며, 이름은 지장이라 한다. 대중들은 김지장의 육신에 금분을 입혀 삼층석탑에 안치하였다.

86. 삼층석탑을 세우자 원광이 휘황하게 일어 하늘이 오색찬란했다. 그런 연유로 이 고개를 신광령이라 불렀다. 뒤에 사람들은, 탑 위에 전을 세우고 앞에는 81개의 돌 계단을 만들었다. 이 탑이 지금의 육신보전이다.

87. 김지장은 구화에 도착한 뒤, 불법을 이루어 보살이 되었으니 **중국 불교사에 있어서 유일하게 스스로 보살이 된 이다.** 당나라 때에는 지장보살상만 홀로 있었으나, 당 이후에 김지장의 양쪽에 도명화상과 민공의 상도 함께 세워졌다. 중국의 지장신앙은 매우 성한데, 이는 중국 사람들에 의해서 영웅화된 것이다.

88. 지장이 구화에 도량을 이루고 고행으로 도를 이루니 사람들은 그의 행적에 감동하였다. 조정과 황제도 감동하여 명나라 때에는 은을 하사하여 절을 수선했으며, 장경을 내려 경배하게 하였

다.
89. 명 숭정제가 편액을 내려 '위선최락'이라 하였다.
90. 청 강희제가 '구화성경'이란 편액을 내렸다.
91. 청 건륭제가 '분타보교'란 편액을 내렸다.
92. 당대 시인 이백은 구화에 세 번을 올라 지장을 기리기 위한 시를 지었는데, 〈지장보살찬〉이라 한다.
93. 송나라 시인 진암의 〈김지장탑의 시〉에는, "여든네 개 돌 층계 층층이 뻗치고, 탑 위의 풍경소리 반공에 울리네, 오백 년을 넘어 있는 지장의 무덤이 예 있어, 뭇사람들은 저마다 꿈길을 더듬누나."라고 하였다.
94. 역대 문인들이 쓸쓸히 찾아와 여러 형식의 글로 지장의 고풍함을 노래했다.
95. 당나라 때부터 현재에 이르기까지 역대 고승들이 분분히 구화산을 찾아 절하여 예를 표했다.
96. 시승, 화승들이 시를 읊고 그림을 그려, 지장의 덕행을 칭송하였다.
97. 중화민국 시대에는 중국의 유명한 홍일대사가 〈지장보살수적찬〉을 지어 지장의 도를 칭송하였다. 찬에 이르기를, "험한 물결, 거센 바람, 대자대비한 일생, 세상 사람들을 위해 살으셨도다."라고 적고 있다.
98. 일천 년 이래 구화산의 향기로움은 왕성했으며, 그 은은한 향연이 스러지지 않았다. 명·청 때는 구화산을 '향화갑천하'라 하였다. 지금도 구화산에는 불사의 향불이 멈추지 않으며, 불법의 기풍이 서려 있다.
99. 지금 구화산에는 84개의 절이 들어서 있다. 국가 중점보호사찰이 9개, 성급보호사찰이 30개소에 이르러 국제적인 불교 도량이 되었다. 김지장 스님의 행적을 소개하고 지장왕보살의 위대

김지장스님의 3대 서원.

한 서원을 받들고자 한국의 현장 스님은 보성 대원사에 김지장 성보박물관을 오픈하였다. 사진은 대원사 김지장 성보박물관에 전시된 유품들이다. 지장 스님의 종취를 널리 선양하고 계시는 현장 스님께 깊이 감사드립니다.

나무아미타불
나무지장보살마하살

충북 제천 정방사의 지장보살님.

지장보살의 대원大願과 영험록

지장보살이여!
만약 미래세의
선남자 선여인이
경전을 보시공양하고
탑과 절을 보수하며
어려운 이를 돕되,
이를 모두 법계에 회향하면
백천생 동안 매우 수승한
즐거움을 누리리라.

만일 공덕을 가족과
자신의 이익만 위해 회향한다면
이러한 과보는
삼생三生 동만만의
복이 될뿐이니,
이는 만 가지 복福 중에서
하나만을 얻는 것이 되느니라.

지장보살의 대원大願을 찬탄하오며

항순 스님(마곡사 내원암)

지장경은 서원과 발원의 경전입니다.
지장보살을 통해 서원과 발원의 의미가 무엇인지 바로 일깨워 주기 때문입니다.
서원은 '중생구제'라는 맹세의 원을 일으켜 '기필코 목적을 달성하리라'는 마음이며, 발원은 발기서원發起誓願이니 모든 서원의 바탕이 되는, 원대한 뜻을 일으키는 마음입니다.
오로지 중생들의 고통을 건져내 안락케 해 주는데 그 목적과 정신이 있을 뿐입니다.
불교에 있어서 발심과 발원은 매우 중요합니다. 구경究竟의 성불과 중생구제는 이 발심으로부터 시작이 되고, 삼세三世의 모든 부처님께서도 본원本願의 발심을 통해 성불하셨기 때문입니다.
극락교주 아미타불의 48대원과 약사여래의 12대원, 보현보살의 10종 대원 등이 그것이며, 관세음보살의 대자대비와 지장보살의 크나큰 서원은 그 정점頂點에 있습니다.
원대한 발원의 거룩한 힘은 자비심에서 우러나오고, 그 자비심은 아낌없는 사랑으로 이끌어주고 가여워 덮어주는 보살심에서 출발합니다.
발원은 자신의 성불보다 중생을 제도하겠다는 염원이 뚜렷하므로, 마음엔 온통 발고여락拔苦與樂(고통을 없애고 즐거움을 줌)의 의지만이 있을 뿐입니다.
그러기에 지장보살은, '지옥에서 고통받는 모든 중생을 제도해 마치기 전에는 결코 성불하지 않으리라' 하셨고, 아미타불의 전신前

身인 법장 비구는 중생을 건지기 위해 마흔여덟 가지의 크나큰 서원을 세우시고, 한 가지라도 성취되지 않으면 성불하지 않겠다고 서원하여 마침내 극락정토의 교주가 되신 것입니다.
이 숭고하고 원대한 마음은 한결같이 중생구제를 위한 대자비의 맹세로 가득차 있으므로, 사람으로서 품을 수 있는 가장 수승한 정신이라 할 것입니다.
지장경은 지장보살님의 본생本生(과거생의 수행인연) 서원과 중생구제의 대비행大悲行에 관한 중요한 경전입니다.
특히 지장경은 부처님께서 어머니 마야부인께 설법하시기 위해 친히 천상의 도리천궁으로 가신 일과, 지장보살께서 과거 전생에 지옥에 빠져 고통받고 계신 어머니를 위하여 '죄고 중생을 모두 제도하리라' 하고 서원하신 점에서, 부모님께 대한 효심孝心과, 모든 생명들에 대한 깊은 연민에서 우러나오는 발원과 서원이 얼마나 중요한가를 보여주고 있습니다.
관세음보살과 지장보살의 훌륭한 덕성德性을 품어 부처님의 일을 돕겠다는 좋은 마음을 낸다면, 가히 으뜸가는 삶이라 할 것입니다. 품고 있는 믿음과 발원의 견고함에 따라서 스스로의 복력도 점점 더하게 되니, 좋은 마음은 하늘의 보답이 따르기 때문입니다.

지장보살은 범어로 '크시티 가르바'이니, '크시티'란 대지大地를 뜻하고, '가르바'란 태胎 또는 자궁子宮을 뜻하여 '함장含藏'이라 번역합니다.
즉 땅이 일체 생명을 기르는 포용의 덕을 갖추고 있듯, 지장보살은 일체 생명을 보호하고 키워주시는 '대지의 어머니'라는 의미입니다.

　가히 지장보살은,
　험난한 길을 이끄시는 큰 스승이요

어둔 세상을 비추는 지혜의 등불이시며
가난한 이들의 보배 창고이오
일체 생명의 자모慈母입니다.

십년 전, 관세음보살의 은덕을 입어 내원암 비로보궁에 거처한 이후로, 지장보살로부터 친히 받은 시현示顯과 가르침의 두터운 은혜는 실로 수미산처럼 높고 바다같이 깊습니다.
일념으로 불보살님을 '생각하고 부르는 칭명염불稱名念佛'이 바로 해탈이라는 것을 깊이 깨달았기에, 마음을 기울여 관음예문, 아미타경, 지장본원경을 깊이 신봉하였습니다.
관음예문을 지송함으로써 참회와 발원을 일으키고, 지장경을 지송함으로써 과연 우리의 삶이 어떠하고 어떻게 살아야 하는가를 바로 깨닫고, 아미타경을 지송함으로써 가장 쉬운 성불의 지름길을 밟게 되니, 이들 경전을 잘 수지독송受持讀誦하고 실행한다면, 반드시 큰 뜻을 이룰 것입니다.
아미타불 관세음보살 지장보살은 우리가 가야할 길을 인도해 주시는 분이기 때문입니다.
좋은 인연으로 큰 뜻 이루소서!

불기 2561(2017)년 음 3월 18일 지장재일
태화산 마곡사 내원암 항순恒順 씀

부록 2: 지장보살의 대원大願과 영험록

지장보살 찬탄송讚歎頌

稽首本然淨心地
법계 본연의 맑은 심지와

無盡佛藏大慈尊
다함없는 공덕장이신 대자존께 머리 숙이옵니다.

南方世界湧香雲
남방세계에 향기로운 자비구름 일어

香雨花雲及花雨
진리의 감로 내리고, 하늘엔 꽃비로 장엄하였네.

寶雨寶雲無數種
무량한 대자비의 보배 구름이

爲祥爲瑞徧莊嚴
상서롭게 하늘과 땅을 두루 덮으니

天人問佛是何因
천중이, '이 무슨 조짐인가' 부처님께 물었네.

佛言地藏菩薩至

부처님 말씀하시길, '지장보살이 이르른 까닭이니라.'

三世如來同讚仰

삼세의 여래께서 함께 우러러 찬탄하시고

十方菩薩共歸依

시방의 모든 보살께서 귀의하셨네.

我今宿植善因緣

이 몸은 오랜 겁으로부터 선근 인연을 심었사오니

稱揚地藏眞功德

지장보살님의 위대한 공덕을 드높이 날리옵니다.

廣度將畢證菩提

'널리 일체 중생을 제도한 연후에 열반에 들리라' 하신,

地藏菩薩本願經

지장보살본원경을 높이 받드옵니다.

부록 2: 지장보살의 대원大願과 영험록

지장보살 정근精勤

나무 유명교주 남방화주 대원본존 지장보살 .... 지장보살
南無 幽冥教主 南方化主 大圓本尊 地藏菩薩 .... 地藏菩薩
(시간에 따라 지극한 마음으로 부릅니다)

지장보살 멸정업진언滅淨業眞言 (정해진 업을 멸하는 진언)
옴 바라 마니다니 사바하 (3번)

지장대성 위신력 地藏大聖 威神力
(지장보살 대성인의 위신력이여)

항하사겁 설난진 恒河沙劫 說難盡
(항하사 겁토록 찬탄해도 다 말할 수 없네)

견문첨례 일념간 見聞瞻禮 一念間
(보고 듣는 잠깐이라도 우러러 예배한다면)

이익인천 무량사 利益人天 無量事
(사람와 천중들의 이익이 무량하리라)

고아일심 귀명정례 故我一心 歸命頂禮
(그러므로 제가 일심으로 목숨바쳐 정례하옵니다)

지장보살 츰부다라니

츰부 츰부 츰츰부 아가서 츰부 바결랍츰부 암발랍츰부 비라츰부 발절랍츰부 아루가츰부 담뭐츰부 살더뭐츰부 살더닐하뭐츰부 비바루가찰뭐츰부 우뭐섬뭐츰부 내여나츰부 붤랄여삼므디랄나츰부 찰나츰부 비실바라여츰부 서살더랄바츰부 비여자수재 맘히리 담미 섬미 잡결랍시 잡결랍뮈스리 치리 시리 결랍뭐뷜러발랄디 히리 벌랄비 벌랄저러니달니 헐랄달니 뭐러 져져져 히리 미리 이결타 탑기 탑규로 탈리탈리 미리 뭐대 더대 구리 미리 앙규즈더비 얼리 기리 뭐러기리 규차섬믜리 징기둔기 둔규리 후루 후루 후루 규루 술두미리 미리디 미리대 뷘자더 허러 히리 후루 후루루

구족수화 길상광명 대기명주 총지장구
具足水火 吉祥光明 大記明呪 總持章句

츰부다라니는 『지장십륜경』「서품」에 있으며, 구족수화 길상광명 대기명주 총지장구로서 지장보살님께서는 이 다라니를 설하신 연유를 다음과 같이 밝히셨다.

"이 다라니는 모든 번뇌를 맑혀 주고, 싸움을 종식시키고, 나쁜 생각을 없애준다.
이 다라니는 모든 희망을 이루어 주고, 모든 곡식을 영글게 하며, 모든 부처님의 가호를 받게 해 주며, 모든 보살님의 가호를 받게 해 준다."

- 이 다라니는 모든 소리와 진동과 파장을 여는 비밀열쇠이기에 순일한 정신상태로 염송하면 미묘한 소리의 진동은 영靈과 육肉을 정화시켜 영성의 빛과 참된 나를 스스로 발현케 한다.

- 모래나 곡식 또는 종이로 만다라를 짓고 이 다라니를 3편 이상 염송한 뒤 묘터나 집터 또는 이사가는 곳, 흉가나 사고 많이 나는 곳에 뿌리거나 태우면 만사가 형통되며, 그 모래나 곡식들을 빨강색의 주머니에 넣어 몸에 지니면 백가지 액살이 사라지고 백가지 일이 성취된다.

성취기도에 대한 몇 가지 조언

절에 오셔서 기도하시는 분들은 대체로 소원을 성취하기 위해 하시는 분들이 많습니다. 하지만 기도하는 방법을 모르는 분들이 많고 이미 하시는 분들도 바른 법으로 기도하시는 분들이 많지 않기에 짧은 소견이지만 몇 가지 적고자 합니다.

첫 번째, 먼저 기도하는 뜻을 넓고 크게 세우는 것입니다.
자기 개인이나 가족의 소원을 바라는 기도라 할지라도 단순히 이것 되게 해달라는 것보다, 시방삼세 모든 존재들이 평안하며 안락하길 바라는 마음을 먼저내고 자신의 소원을 발해야 합니다.
이러한 넓고 큰 생각은 보현행원품과 보리행경에 자세히 나와 있습니다.
그 경전에서 말씀하신 마음을 지닌 상태에서는 어떠한 소원이라도 이루어지지 않는 것이 없습니다.
지심으로 뜻을 마음속에 새겨가며 독송하면 하루가 다르게 달라지는 자신을 보게 될 것입니다.
기도성취라는 것은 일단 자신이 변해야 이루어집니다.

둘째로, 공덕을 많이 지어야 합니다.
일의 장애가 많은 것은 과거에 지어놓은 복덕이 적어 생기는 경우가 많습니다. 과거에 지어놓은 복이 없다는 것을 자세히 관찰하여 이생에라도 많은 공덕을 지어야 기도가 성취됩니다.
이 공덕 짓는 법을 자세히 말씀하신 경전은 보편행원품입니다. 보현보살님의 열 가지 원을 하나하나 실천하면 가장 큰 공덕을 짓게 될 것입니다.

세 번째, 불보살님들에 대한 믿음이 깊어야 합니다.
조금도 의심하는 바가 없어야 합니다. 부처님의 법신이 본래 청정하여 거짓이 없고 항상하며 온갖 차별상을 초월한 진여라는 것과 그곳에는 무량한 공덕이 있어 끊임없이 중생을 바른 곳으로 이끌려는 대자비심이 저절로 갖추어져 있으니 때때로 중생들의 원과 바람에 따라 천백억의 화신을 나투어 중생들을 이끌어 줌을 확실히 이해하고 믿어야 합니다.
이렇게 확실한 믿음을 바탕으로 일념으로 기도할 때 불보살님들의 가피를 입게 될 것입니다.

넷째로, 진실하게 일념으로 해야 합니다.
성취기도라고 성취해 달라고만 일념으로 하는 것이 아닙니다. 그것은 기도가 아니라 축원입니다.
기도는 하나가 되는 것입니다. 정근과 주력 등을 통해서 법계가 본래 하나임을 체험하는 것입니다. 하나가 된 마음으로 축원을 하여야 확실하게 성취가 됩니다.

이러한 일념은 하루 아침에 되는 것이 아니니 매일 두 시간 이상의 수행내지 기도를 하여야 합니다.

다섯째는 널리 회향하는 것입니다.
비록 십분을 기도하였더라도 이 기도의 공덕을 온 법계와 모든 중생들과 보리도의 공덕으로 회향을 하여야합니다. 그렇게 할 때 그 공덕은 정말 한량이 없어집니다.

불보살 감응록感應錄

항순 스님(마곡사 내원암)

부처님을 친견하고 출가하다

시방삼세의 제불보살님이시여!
부처님께옵서는 우주법계에 충만하시어
중생들의 간절한 부름에 따라 법신을

나투시옵고 크나크신 중생구제의 원력과
대자비로 만생명들에게 사랑과
행복을 주시옵니다.

어리석은 소납을 제도하시고자 베풀어 주신
끝없는 사랑과 자상하신 자비로움을
많은 이들이 불법을 이해하는데 있어
도움이 되도록 하고자 하옵니다.
친히 증명하소서!

시방의 부처님께 목숨바쳐 귀의하옵니다.
부처님의 가르침에 목숨바쳐 귀의하옵니다.
시방의 보살승께 목숨바쳐 귀의하옵니다.

열 아홉 살 때 겨울 어느 날(1976년 12월) 부모님께서 평소 참배하셨던 하남시 금단산의 석은암이라는 절에 얼마간 머물게 되었습니다. 산 정상을 한번 돌아오리라 산 중턱 쯤 갔다가 병풍 같이 반듯한 커다란 바위를 보았는데, 바위 위쪽의 노송이 아래로 드리우고 있는 좋은 곳이었습니다.
문득 머리에 스치는 것이 있었습니다.

암자로부터 근 100여 미터 높은 곳에 위치한 이곳에서 "기도를 해보자"라는 생각이 들었습니다. 어느 누가 권하지도 아니한, 그것도 기도라는 것이 무엇인지, 어떻게 해야 하는 것인지도 모르는 채, 갑자기 어떤 마음을 일으켜 그와 같은 행동을 하게 되었는지는 내 자신도 모를 만큼 무언가 모르게 불보살님께 접근해 가고 있는 것 같았습니다.

곧바로 바위 아래 편편한 반석들을 옮겨서 단을 만들어 놓고 절에도 말씀 드려 향로와 다기를 마련했습니다.

순수히 부처님을 향한 일념과 믿음으로 불경을 한 장 한 장 넘겨가며 예불과 경문을 모신 후 마음속의 소원을 드렸습니다. 그 소원은 일체 중생들이 속히 부처님께 귀의하여 괴로움의 바다에서 벗어나기를 발원한 것이었습니다.

비록 삭발염의 한 것도 아니요, 계를 받지도 아니한 초발심 불자이지만 "오직 나의 스승은 부처님이시다"라고 생각했고, 수계를 아니 해도 이미 마음으로 "나는 부처님의 제자"라고 굳혔습니다. 매사를 부처님을 의지하여 생각하고 행동하니 마음도 차츰 고요함을 느끼게 되었습니다. 꾸밈없이 믿는 마음으로 한겨울의 맑고 차가운 공기 속에서 커다란 바위를 앞에 놓고 목탁소리를 반주 삼아 염불하니 마음속 깊이 희열이 가득했습니다.

어느 날 새벽, 온통 눈덮힌 산중. 눈 속 수북한 낙엽 끌어모아 방석 삼고 무릎 꿇어 향불 밝히고 예경 염불하였습니다. 온몸이 얼어버릴 것 같은 추위이건만 마음만은 상쾌했습니다.

마침내, 지성이면 감천이라는 말이 현실이 되었습니다. 나의 평생에 다시는 이와 같이 기쁘고 감격스럽고 영광스런 날은 과거에도 미래에도 없을 것 같은 날이 새벽 1시경 실현되었습니다.

몽중에 소납이 석은암 방에 있었는데, 세 분의 부처님께서 오셨습니다. 공중에서 어느 누가 이르기를, "네 앞에 계신 분이 극락세계 부처님이시니라"는 말씀이 우렁차게 들리는 것이었습니다.

곧이어 부처님께서 하시는 말씀이, "이제는 절을 받아야지" 하시면서 나의 앞에 단정히 정좌하셨습니다.

순간, 형언할 수 없이 치솟는 환희심으로 부처님께 오체투지 예배를 올리어 마치니 잠시 후 세 분 부처님께서는 아무 말씀 없이 밖으로 나가시어 계셨습니다.

그런데 세 분 중 유난히 깨끗하고 흰 옷으로 전신을 둘러 입으신 분이 오른쪽으로 서 계셨는데, 급히 따라 나가 땅을 덮고 있는 부드러운 흰 옷자락을 무릎 꿇고 두 손으로 꽉 움켜 잡았습니다. "저도 부처님을 따라 가겠습니다." 말씀 드리고 나서 발을 보니, 급히 뛰어 나가는 바람에 신을 신지 않았습니다. 얼른 신발을 신고 돌아서니 불보살님께서는 보이지 않았습니다.

바로 꿈을 깨고 나니 실로 생생한 순간이었습니다. 난생처음으로 그렇게 역력분명하게 부처님을 친견하고 부처님께서는 이 몸의 예배를 받으셨으니, 그 기쁨은 이루 말할 수 없었습니다. 가슴이 터져나갈 듯한 기쁜 감정이 허공을 채웠습니다.

이 마음속 가득 충만한 환희, 그 기쁨은 인간으로서 느끼는 단순한 환희가 아니었습니다. 한순간에 그 모든 것이 이루어진 크나큰 정신적 성취였습니다. 이 꿈은 꿈이 아닌 실제이기 때문입니다. 오로지 순수하게 부처님을 향한 믿음으로 성취한 것이기 때문입니다. 부처님이라는 위대하신 분께서 실제로 존재하심을 열아홉에 체험했기 때문입니다.

소납은 새벽에 또다시 올라가서 예경을 올리고 내려왔습니다.

간밤의 경이로운, 생생한 꿈의 사실을 그곳에 계신 분께 말씀드렸더니, "너의 지극한 마음이 하늘에 닿았다. 훌륭하구나, 훌륭하구나." 하셨습니다.

기도가 무엇인지, 어떻게 하는 것인지 전혀 모르면서도 그저 꾸밈없이 순수하게 부처님을 향하길 보름간, 온 몸이 얼어붙을 한겨울 새벽 산속 바위 앞의 염불기도, 그 시간은 내 생애 최고의 시간이요, 헛되지 않았습니다. 내 어린 마음속 깊이 아로새겨진 부처님의 현신을 이후로도 계속된 불보살님 친견과 가르침으로 나의 정신 속을 부처님 세계로 채워갔습니다.

당시는 꿈속의 세 분이 어느 분이신지 자세히 알 수 없었으나, 이후 흰 옷 입고 계신 분이 관세음보살이시란 걸 알게 되었고, 가운데 계셨던 분은 아미타불이셨으며, 왼쪽에 계신 분은 대세지보살이셨음을 알게 되었습니다.

나의 신심은 더욱 견고해졌고, 누가 이 마음을 흩어버릴 수 없었습니다. 눈에 보이고 귀에 들리는 모든 현상들이 참다운 실체가 아니란 걸 이해하고 나니, 오직 가야할 길은 부처의 길, 곧 진리의 길이었습니다. 그 길은 출가승이 되어 유·무와 시·공을 초월한 넓고도 넓은 세계에서, 영원무궁토록 대자유의 법계에 노니는 것이었습니다.

 시원하고 감미로운 청풍淸風과 맑은 공기
 진리를 노래하는 산새들, 벗이 되고
 세간의 진애 묻지 아니한 청청함으로
 무지無智의 중생을 일깨워 주시네.

희어 눈부신 청량월, 허공을 비추시니
맑은 한 밤의 고요함, 만상萬相이 쉬었구나.
부동적적不動寂寂한 한 없는 경계
부처님의 큰 깨달음 그대로 보여주시네.

억만년토록 변함없는 청산靑山이시여!
계곡물 푸른 산 부처님의 전신全身이시네.

극락세계 삼존불을 친견한 후 다른 일로 더 이상 산중기도를 하지 않았으나 마음속은 늘 부드럽고 우아한 흰 옷 입으신 백의관세음보살님께서 자리해 계셨습니다. 서울 집에 있을 때도, 밖을 다닐 때도, 절에 있을 때도 늘 관세음보살님과 함께 하였습니다.

그러다가 얼마 지나지 않아서 다시 부처님을 친견하게 되었습니다. 웬일인지 스님들과 똑같은 복장을 하고 있는 것이었습니다. 삭발한 차림에 긴 장삼과 대가사를 수하고, 목과 손목에는 염주와 단주가 걸려져 있고, 손에는 목탁이 잡혀져 있었습니다. 그리고는 큰 산의 꼭대기로 올라갔습니다.

넓은 상봉에 커다란 법당이 있어 들어가니 큰 법당 중앙에 아미타불 관세음보살 대세지보살께서 단정히 앉아계셨고, 양 옆으로 대보살님들께서 나란히 서서 계셨습니다. 환희심에 뛸 듯이 기뻐하면서 부처님 전에 예를 다하여 오체 투지 절을 올렸습니다.

"전생에 스님이었던 것인가? 이번엔 완전한 스님의 모습을 갖추고 산 정상에서 불보살님을 뵈었으니."

측근의 사람에게 이 생생한 꿈을 말씀드렸더니, "반드시 출가 입산해서 스님 될 꿈이다"라고 했습니다. 전혀 생각지 않았던 스님 복장을 갖춘 꿈을 계기로 이젠 마음속으론 그 무엇도 생각할 것이 없었습니다. 오히려 어서 빨리 큰 절로 들어가 스님이 되고 싶었습니다. 절에 계시는 스님네 모습을 생각하면 더욱 좋았고, 스님들께서 너무도 숭고스런 존재로 여겨졌습니다.

초발심 시절, "스님"은 동경의 대상이셨습니다.
늘 언제고 부처님을 생각했습니다. 관세음보살님을 향한 마음은 더 하였습니다. 자주자주 부처님과 관세음보살님을 뵈었습니다. 아니 불보살님과 늘 같이 있었습니다.

어느 때 몽중에 깊은 산사를 찾아갔습니다. 이번 역시 깨끗하고 우아한 흰 옷을 입고 계신 관세음보살님께서 홀로 앉아계셨습니다. 그런데 관세음보살 주위가 금빛으로 방광하시므로 보살님 앞에 나아가 호궤합장하고 법문해주시길 청하였습니다.

"원컨대 법문 한 말씀 주옵소서." 하고 말씀 올리니,
관세음보살님께서 이르시길, "거북이가 느리지 않느냐… 법문 끝났다." 하시며 더 말씀이 없으셨습니다.
스스로 생각하길, "서두는 일 없이 꾸준히 꾸준히 흐르는 물처럼 끊임없이 정진하라."는 뜻으로 받아들였습니다.

화엄경 입법계품에, 보현보살께서 열 가지 크나큰 행원 가운데 선재동자에게 말씀 주시길, "만 허공 중생을 제도하기 위해 보

살은 마땅히 대비심으로 중생을 따라줌으로 고락을 함께 하신다. 보살은 이같이 중생을 따라주니, 허공계가 다하면 나의 중생 따라 줌도 다할 것이지만, 허공계와 중생계가 다 할 수 없기에 나의 중생구제는 영원히 끝나지 않는다"고 하신 것처럼, 중생구제라는 머나먼 길로 들어선 대발심 수행자는 급히 서둔다 해서 중생구제가 끝나는 것이 아니니, 허공 같은 세월을 중생과 함께 하며 영원히 중생 곁을 떠날 수 없는, 부처님의 심부름을 당부받은 사람이기 때문이라 생각하였습니다.

또 얼마 후, 부처님을 뵈었습니다. 법당 안으로 들어갔는데 웬일인지 다섯 분의 불보살님께서 상단 아래로 내려앉아 계셨습니다.
석가모니 부처님 앞에 나아가 절 올리고 무릎 꿇고 앉으니 경문 한 권을 펴 보여주셨는데, 자세히 들여다 보니 범서梵書(인도 글자)여서 무슨 내용인지 알 수가 없었습니다. 잠시 후 석가모니 부처님께서 경전을 접어 거두시는 것이었습니다. 너무나도 친절하시고 자상하신 모습이었습니다.

암자에 있었던 근 일년 간, 틈틈이 불경을 접하고 신심을 북돋워 인생의 덧없음과 만물의 견고하지 못함을 깊이 느끼는 계기가 되었습니다.

"가없는 허공계에 원인과 조건이라는 인연에 따라 나타난 우주 만유는 그대로 뜬 구름 같은 존재들 아닌가! 있다고 여겨서 있는 것도 아니요, 없다고 여겨서 없는 것도 아니니, 무엇을 기준 삼아 있다 없다 할 수 있으리! 보이고 들리는 현상들이 실제로 있는 것이 아니라 단지 중생 의식 속의 있음과 없음 뿐인 것을!"

법계의 중생들이 진리를 깨닫지 못하고 현상계에 미혹하여 받는 괴로움은 끝이 없기에, **자비의 배로서 모든 중생을 삼계三界의 화택火宅으로부터 다시는 괴로움이 없는 극락정토에 인도하는 일대사업**은, 진정 중생구제의 선봉장이신 문수, 보현, 관음, 지장보살 같은 분들처럼 되어야하기 때문이다 생각했습니다.

예사람이 말씀하시길,
"세상 사람이여!
욕망을 쫓아 즐거워하는 자여!
알지 못하는구나. 즐거움 자체가
괴로움의 씨앗이 된다는 것을!"

하였듯, 태허공 속 모래알같은 세계가 무엇이고 어떤 것인지 분명히 깨달아야 합니다.

그러는 가운데, 어느 날(1977년 초겨울) **백의 관세음보살님께서 흰 종이에 글씨는 써주시면서 "영남으로 가라"** 하셨습니다. 이제 출가하거라. 너의 길로 걸어가라는 확연한 느낌으로 다가왔습니다.

출가 전 부모님과 집안을 위해 집에서 3일간 관음기도를 올렸습니다. 부모님의 건강과 집안의 평안이었습니다. 그리고 부모님께 말씀 올렸습니다.

"세상사 일체가 시시때때로 변천하여 믿고 의지할 것이 없으니,

무엇을 즐기고 무엇을 기뻐하겠습니까? 눈앞에 즐겁게 펼쳐지는 모습들이 사람의 마음을 흐뭇하게 하지만 이 즐거움은 극히 짧은 시간일 뿐 영원하지 못합니다. 즐거움이 영원히 지속된다면 근심이 없을 것입니다. 그러나 즐거움 자체가 괴로움의 근본이 되니, 오로지 부처님의 가르침을 따라 나고 죽음의 고통을 벗어나는 것만이 가야할 길입니다.

불과 일백년도 안 되는 짧은 세월 내 이 자리의 가족들은 흔적조차 없고, 스스로 각자 지은 인연과 업을 따라갈 것입니다. 이제 저는 부처님을 따라 출가 입산하겠습니다. 반드시 불법을 성취하고 부모님과 만중생을 극락으로 인도해 드릴 것입니다."

오로지 부처님을 믿고 의지하셔서 극락왕생 발원하실 것을 간절히 말씀드렸습니다.

출가하는 날(20세, 1977년 초겨울)
"장한 일이다. 모름지기 열심히 해서 큰일을 성취하거라. 부디 잘하거라." 하시며 출가를 기쁘게 허락하신 부모님의 말씀을 잊을 수 없습니다.

관음보살께서 화엄경을 주시다

신유년 여름, 그러니까 1981년 음력 7월 17일부터 7월 24일까지 합천 해인사 길상암에서 관음기도를 드렸습니다.

기도의 동기는 이러했습니다. 해인사 강원시절 사집과목을 배우고 있을 때였습니다. 자연스럽게 불자님들 여러분을 만났는데, 그분들 중 두 분 보살님은 형제자매 사이로 신심도 좋으시고 형제간 남달리 우야가 깊어보였습니다.

언니 되시는 보현성 보살님께서 동생 광명화 보살님을 위하는 마음으로 소납과 함께 관음기도를 드렸으면 하고 청하였습니다. 광명화 보살님이 오래 전부터 어딘지 모르게 몸이 좋지 않아 불편하였기 때문이었습니다. 아무튼 광명화 보살님의 병고 때문에 많은 약과 병원을 찾아도 보았고, 병 나을 갖은 노력에도 힘든 몸은 그대로였다는 것이었습니다.

이러한 자세한 말씀을 듣고 "시간을 내서 일주일 관음기도를 드려 보십시다." 말씀 드리고, 그해 하기 방학을 맞아서 조용한 산내 암자인 길상암에 양해를 구하고 예정대로 기도에 들어갔습니다. 마음을 가다듬어 지은 업을 남김없이 참회하고, 아울러 속히 깨달음을 얻어 광도중생할 것을 부처님 전에 서원하였습니다.

"나는 지금 불자님들의 기대를 안고 7일 관음기도에 임한 것이다. 20년간을 수처에서 병 나을 발원을 하고 묘방을 써 보아도 쾌차하지 않아, 또다시 부처님께 의지하고 계시니 오로지 간절히 기도 드리면 관음보살의 신묘한 가피가 계시리라. 반드시 부처님의 원력으로 쾌차되리라"는 확신을 가지고 초발심 시절 친견했던 백의 관음보살님을 떠올리며 굳은 마음으로 하루하루 해 나갔습니다.

3일째 되는 날, 잠시 쉬는 시간에 광명화 보살님께서 말씀하시기를 "전날에 많은 기도를 했어도 어려웠는데, 저로서는 일주일이 너무 짧은 것 같습니다." 하시길래, "열심히 해봅시다." 하고는 그날 철야기도로 정진하였습니다.

"관음보살님이시여, 굽어살피소서! 저 중생을 돌아보시지 않으신다면 구제 받을 길이 없나이다. 오직 자비광명이 계시리라 확신하나이다."
무사히 7일 기도를 회향했습니다.

기도회향 3일 후 광명화 보살님께서 해인사 큰절로 찾아오셨습니다. 좀 어떠시냐고 여쭈니,
기도 마친 후 집에 돌아가서 조용히 앉아 관음보살을 생각하면서 기도하니, 관음보살께서 말씀하시길 "너의 병고가 이제 나았느니라. 나는 관음이니라." 하셨다는 것입니다.
과연 기도 후 그토록 괴롭혔던 병고가 사라지고 또한 꿈이 아닌

생시에 관세음보살님의 뜻을 전해 받는 가피를 얻게 되었습니다. 광명화 보살님의 말씀을 듣고 "관세음보살님께서 중생을 위해 대자비를 베푸셨습니다."하고 감사드렸습니다.

얼마 후인 1981년 양력 9월 10일. 광명화 보살님께서 해인사로 다시 오셨습니다. 환한 얼굴로 말씀하시길, 집에서 기도를 모셨는데 관음보살께서 말씀을 전하시더라는 것이었습니다.

"화엄경을 구입해 항순스님을 찾아가라. 항순스님과 너는 나(관세음보살)만이 아는, 아주 깊은 인연이 과거생부터 있었느니라. 금생에 또 이렇게 만날 줄이야."
하시면서 "항순스님이 공부할 수 있도록 네가 마련해 주어라"라고 하셨다는 것입니다. 그래서 광명화 보살님께서는 나의 뜻도 알아보지도 않으시고, 대구시내의 불교전문서점 '적선사'에서 당시 40만원이나 하는 마흔일곱 권으로 된 탄허 큰스님 번역본 화엄경을 5만원에 계약하시고는 계약서를 보여주시는 것이었습니다.

이 말씀을 듣고는 순간 눈물이 맺혔습니다. 꿈 속이 아닌 생시에 관세음보살님의 뜻을 받으시고, 더욱 분명한 것은 "화엄경을 사서 항순스님에게 가라"고 하신 것입니다. 오로지 7일동안 보살님의 쾌차만을 위해 기도하는 가운데 "화엄경을 구입해야 하는데…" 이런 생각이 두어 번 들었던 것 같습니다.

이듬해 경반에 올라가면 화엄경이 필요했기 때문이었는데, 관음보살님께서 소납의 마음을 살피시고 광명화 보살님을 통해 화엄경을 내려주셨던 것입니다.

"대자비 관음보살님의 이 막중한 은혜, 이몸 가루가 된들 잊을 수 있겠나이까?"
아! 관세음보살 관세음보살……

무작無作 무위無位의 가르침

초발심시절부터 관음보살님의 깊은 은혜 속에 지내온 나날들! 아이가 어머니 품에서 마냥 편안하게만 성장하는 것처럼 소납 또한 관음보살님과 산사山寺라는 이상적 세계의 안락함 속에 가슴속 깊이 풍요함으로 채웠습니다.

20세 때 "영남으로 가라"는 관음보살님의 말씀대로 22세부터 4년간 해인사 강원(승가대학)에서 많은 대중스님네들과 함께 큰절 생활을 하게 되었습니다. 물고기가 물에서 자유롭고 새는 창공에서 활기차듯, 절집생활은 소납에게 있어 떨어질래야 떨어질 수 없는, 아니 부처님과 떨어진다는 것은 영원히 있을 수 없는 나의 정신세계이기에 평생 즐겁습니다.

해인사 승가대학 4학년 지낼 때(1982년 25세)였습니다. **관세음보살님께서 "無作無位"라는 네 글자가 씌어 있는 두루마리 족자를 쭉 내려 펴 보여주셨습니다.** 석가모니 부처님께서 45년간 고구정녕히 설해주신 우주법계의 실상, 팔만대장경의 가르침을 단 넉자로 함축하여 보여 가르쳐주신 것입니다.

'무작無作'은, 마음을 일으켜 번뇌망상을 짓지 말라는 말씀입니다. 삼계의 사생육도 중생들이 받는 괴로움은 '일심'의 동요로부터 시작되니 욕망과 집착을 떠나 흔들림 없어야 함을 보이셨습니다.

'무위無位'라는 한마디의 가르침은 우주의 실상을 그대로 드러내신 말씀입니다. 법계의 만상萬相은 지위 고하가 없는 대평등 무차별의 진리임을 가르쳐 주셨습니다.

무작·무위는 허황된 인식에서 벗어나야 한다는, 짧지만 강력한 메시지입니다.

관음보살님으로부터 "無 作 無 位"의 가르침을 받사옵고 게송 지어 바치옵니다.

    관음시교어작야 觀音示教於昨夜
    백의 관음보살께서 어젯밤 보여 가르쳐 주셨네

    무작무위시사자 無作無位是四字
    지음도 없고 지위도 없다 하신 이 네 글자로세

    차외무법막추심 此外無法莫追尋
    이 넉자 외에 따로 법이 없으니
    밖을 향하여 찾지 말라

    운비겁전월조허 雲飛劫前月照虛
    업의 구름은 허공 밖 겁 전으로 날아가
    마음달만이 대천세계를 비추네.

부록 2: 지장보살의 대원大願과 영험록

관음보살께서 기도처를 일러주시다

해인사승가대학 졸업 약 3개월 전(1982년 11월), 경학을 마치면 전국의 어느 좋은 기도처에 가서 100일 관음기도를 모시리라 뜻을 내고 수일간 생각하였더니, 어느날 몽중에 큰 산의 골짜기를 따라 들어갔습니다.

그런데 산 속 저만치서 상서로운 흰 구름이 꿈틀거리며 일더니 집채만한 바윗덩이 주위를 감싸 올리는 것이었습니다.
이윽고 흰 구름에 감싸여진 큰 바위가 떠올려져 서서히 전면까지 다가와 자세히 보니, 한자로 "八公山"이라는 선명한 글자가 새겨져 있었습니다.

운부암 관세음보살님(보물 514호)

기도할 장소를 팔공산으로 하라고 관세음보살님께서 분명히 보여주신 것입니다.

쉬는 시간을 내서 팔공산 동화사 일대 산중 기도처 암자 등을 두루 찾았습니다. 기도 모실만한 적당한 곳이 보이지 않았습니다.

다시 영천 은해사 큰 절로 들어가 산내 암자 등 기도처를 두루 찾았습니다. 산을 넘어 거조암까지 팔공산 일대를 다녔으나 쉽게 기도처를 찾지 못하자, 은해사 주차장에서 버스를 타고 나오다가 채 3분도 못돼,
"아! 바로 저기다."
전광석화처럼 기도처가 떠오르는 것이었습니다.

은해사 큰 절에서 위쪽으로 2㎞ 넘게 떨어진 곳에 위치해 있는, 아담하고 조용한 운부암雲浮庵이라는 곳이었습니다. 단아한 옛 법당에 고려말 조성된, 온 몸에 보배영락을 걸치시고 너무도 뛰어난 관음존상이 계신 곳입니다.
분명 이곳을 지나 거조암까지 걸어갔었는데, 어찌 몰랐단 말인가!

상서로운 흰 구름(雲)이
바윗덩이를 감싸 들어 올려(浮)
내게로 다가온 그 모습 자체가
구름 운雲, 뜰 부浮,
운부암이었던 것입니다.
현몽에서 보여주신 그 자체가 운부암인 것을 수일간 팔공산 일대를 찾아 헤매다 깨달았으니, 중생의 지혜 없음이여!

후일에 운부암 관음존상을 재현해 조성하여 모시고 지내게 되었으니, 관음보살님의 끝없는 사랑이십니다.

지옥의 참상을 보여주시다

소납은 평생을 불보살님의 지대한 사랑과 은혜를 입었으며, 한 중생에게 쏟아 부어주신 어머니의 연민 같은 큰 자비는 진리의 품으로 들게 하셨습니다. 아미타불 관세음보살 지장보살님께 대한 믿음과 귀의는 지극합니다.

대비 관음보살님의 위신력으로 명부(저승)세계를 보게 되었습니다. 관음보살님과 함께 있었는데, 저 아래쪽을 가르키시어 바라보니 지옥세계가 펼쳐졌습니다. 확탕지옥鑊湯地獄(끓는 물에 삶기는 극심한 고통을 받는 지옥)이었는데, 펄펄 끓는 물속에서 부지기수의 죄인들이 극심한 고통으로 울부짖는 모습과 비명이 들려왔습니다.

관음보살께서 말씀하시길, "무거운 죄업으로 저 속의 과보를 받는다" 하셨습니다.
이윽고 염라청으로 내려가 염라대왕과 마주하였는데, 높고 넓은 평상 앞에 관복차림의 염라왕이 중앙에 근엄히 앉아계셨고 좌우에는 금강역사와 귀졸 등 많은 권속이 서 있었습니다.

넓은 평상 앞 정면에 서서 대왕께 물었습니다.
"죄를 지어 이곳에 오면 사赦(용서)할 수 있습니까?" 하니,
염라왕 이르시길, "안되느니라"는 단 한 마디였습니다.

넓은 평상 위에는 문서가 높이 쌓여 있었는데, 그 중 나의 성명이 적힌 문서를 펼쳐 보여주시니 이제까지 살아오면서 지냈던 낱낱의 행위가 그대로 기록되어 있었습니다.

뒤쪽을 바라보니 끝이 보이지 않는 많은 사람들이 뒤를 이어 순서를 기다리고 있었습니다. 잠시 후 죄인 처결 장소로 갔는데, 거대한 창고문이 열려지면서 그 안을 가득 채우고 있는 온갖 형벌기구가 눈앞에 펼쳐졌습니다.

이 세상에서 본 적이 없는 그런 기구들이었습니다. 그 옆쪽에 이미 생전 죄업의 경중에 따라 결정된 죄인들이 처결되고 있었습니다. 보통사람보다 훨씬 더 큰 키에 험상궂고 온 몸이 울퉁불퉁한 육중한 근육을 드러낸 금강역사 2인이 죄인의 양팔을 움켜 잡아 있고, 다른 1인의 금강역사가 왼손에 돌 깨는 쇠정과, 오른손에 큰 쇠메를 들고 있었습니다.
곧이어 죄인의 정수리에 쇠정을 대고 오른손의 큰 쇠메로 내려치니 머리가 터지면서 솟는 붉은 피가 분수 같았습니다.

처처가 통곡소리로 울부짖는 참혹한 광경을 보고 다른 쪽으로 이동하니, 이곳은 이미 여자 죄인을 처결하였는데 배를 난도질하여 땅바닥에 흥건한 피와 끌려나온 창자, 극심한 고통으로 앉은 채 손으로 바닥을 움켜 파고 있었습니다.
너무 고통스러워하여 위로하고자 어깨에 손을 대려하니 머리를 흔들며 가까이하지 말라는 시늉이었습니다.

여기 저기 온통 아비규환의 참상을 목도하고 비통함이 치밀어, "관세음보살님 어찌 이런 곳이 있습니까, 이런 참혹한 세계가 어찌 생겼습니까?" 통곡하였습니다.

지옥의 참상은 중생들 스스로가 악심, 악행으로 만든 세계입니다. 우주 만법의 근원인 이 마음을 잘못 쓰면 괴로움을 자초하는 도가니요, 선심하여 잘 쓰면 극락세계입니다.

하공 중에 나타난 현상계가 단지 원인과 조건에 의해 생겨난 허깨비임을 분명히 알아 욕심과 집착을 철저히 떠나야 합니다.

부처님의 세계는 끝없는 즐거움만이 있는 나라입니다. 지옥이 영원히 사라졌기 때문입니다. 텅 비어 맑은 허공같은 마음엔 그 무엇도 없습니다.

지장보살님의 통곡

과거 전생에 어떠한 불연佛緣과 복을 지었는지 알 수 없으나 평생토록 관음보살님과 지장보살님의 넓고도 깊은 사랑을 받았습니다.

오로지 성불하여 중생을 제도하리라는 원력을 세웠던 까닭일까요?
지장보살님께서도 자애롭고도 엄한 가르치심으로 이끌어 주셨습니다. "일체 번뇌 망상을 제어하고 혼침에 떨어지지 말라"는 당부이셨습니다.

욕망을 끊어 제어해야 한다 하심은, 이 **청정한 불성佛性**(누구나 가지고 있는 부처의 성품)**을 회복하려면 '부동不動'이라는 흔들림 없는 경계에 들어야 된다**는 말씀이십니다.

인간의 의식 깊숙이 다섯 가지 욕망(식욕, 색욕, 수면욕, 재물욕, 명예욕)이 자리하고 있는데, 범부의 부질없는 망정妄情과 삿되고 바르지 못한 습관 등이 구름 걷히듯 사라져서 밝은 태양의 마음이 드러나야 한다는 것입니다.

또 혼침昏沈(잠)에 떨어지지 말라는 말씀은, 성불을 기약하는 수행자에게 잠을 극복하는 것이야말로 성인께서 당부하시는 제1의 가르침입니다.
다겁생래로 성불을 방해하는 것은 수마睡魔(잠 마귀)보다 더한 것이 없기 때문입니다.
지장보살님께서 오로지 '잠'에 대해서 경각심을 주셨는데, **잠을 극복하여 영원히 깨어있는 청정불성을 회복하라는 당부입니다.**

잠자는 것 자체를 허용치 않는 지장보살님의 가르침 속에, 잠을 이기지 못하자 한 번은 지장보살님으로부터 큰 꾸지람을 받은 적이 있습니다. '잠'에 대한 벌칙으로 마곡사 내원암에서 강원도 홍천까지 걸어서 갔다오라는 엄명을 받자옵고 걸어 다녀온 적이 있습니다. (2009.12.23.~2010.1.6.까지 14일간)

잠이 얼마나 성불을 가로막는 방해꾼인지를 철저히 보여주신 것입니다.
영겁토록 단 1초라도 혼침과 잠이 없는 완전한 깨달음, 부처의 정각正覺에는 오직 대광명 지혜일 뿐 어둠이 없기 때문입니다.

석가모니 부처님으로부터 도리천궁忉利天宮에서 지옥과 육도六道 중생들을 제도하라는 부촉을 받으시고 중생계가 끝나는 영원토록 중생제도하시는 지장보살이십니다.

7일을 걸어 강원도 횡성읍에 다달아 지장보살님을 친견하였는데, 지옥의 참혹한 모습에 지옥 문전 바닥에 주저앉으시어 하늘이 무너지고 땅이 꺼질 듯한 우레같은 통곡을 하시는 것이었습니다.
허공을 흔드는 지장보살님의 통곡하시는 모습을 보아야 하고, 들어야 합니다.

옛사람께서 "만 가지 악惡 가운데 음욕보다 더한 것이 없다" 하였습니다.(만악음위수萬惡婬爲首)
그러나 칠흑漆黑같은 정신적 죽음의 상태인 잠은 더욱 심합니다.

항순스님의 발원문

시방삼세에 두루하사 항상 계시는 청정법신 비로자나(아미타) 부처님과 대자대비 관세음보살님, 대원본존 지장보살님께 우러러 고하오니 자비하신 보살피심으로 거두어 주옵소서.

불법과의 지중한 인연으로 닦아온 바 모든 공덕을 법계에 회향回向하오며 재시財施, 법시法施, 무외시無畏施의 세 가지 아름다운 보시행과 보시 지계 인욕 정진 선정 지혜의 여섯 가지 바라밀행을 무궁토록 닦고, 장차 관음·지장보살님의 행업을 실천할 수 있도록 가피加被를 드리우소서.

비로자나 부처님의 대 지혜 광명이 두루하사 법륜이 상전常轉하여 지상의 모든 생류와 육도의 중생들이 미혹의 굴레를 벗어나서 하루속히 깨달음의 저 언덕에 이르게 하시옵고 나라가 평안하여 국민이 안락하며 온 세계가 극락정토가 되도록 굽어 살피소서.

이 『만화 지장경과 영험록』이 널리 두루하여서 만 중생이 불보살님의 가호를 입사와 몸과 입과 마음으로 지은 모든 업장이 소멸되오며 불법에 대한 신심이 더욱 견고하여 속히 정각을 이루어 법계의 모든 중생들을 피안彼岸으로 인도할 수 있도록 힘을 더하여 주시옵소서.

자비하신 불보살님이시여!

상세선망上世先亡 부모님과 소납小衲과 인연이 있었던 모든 영가님과 시방十方의 모든 낙태아 영가와 법계의 유주 무주 고혼과 철위산간의 오무간五無間 대지옥에서 무량 고통 받는 일체 함령 등이 불보살님의 가피를 입사와 삼계三界의 윤회 고통을 벗어나 극락세계의 상품연대上品蓮臺에 왕생하여지이다.

영원하신 불보살님이시여!
이 책의 인쇄출판과 지송봉행과 회향발원에 수희동참하고, 화주·시주가 되며 바라만 보고 손끝만 스친 인연이라도 죄업이 가벼워지고 소멸되어서 장차 선근善根의 인연이 증장하여 필히 연화장蓮花藏 세계의 주인이 되게 하소서!

어리석은 이 제자 미래제未來際가 다하도록 관음보살의 후신後身이 되고 지장보살의 동체가 되어 보현보살님의 열 가지 광대한 원을 행하여 중생계가 다하도록 업고業苦 중생을 남김없이 제도하기를 서원하오니, 관음·지장보살님이시여 가피加被하소서!

법계에 두루하신 불보살님이시여! 법계 일체 생류가 아미타부처님의 장엄한 연화장세계에 다 같이 노닐게 되어 항상 불보살님을 뵈오며 부처님의 큰 광명을 받아 무량죄업을 소멸하고 대지혜를 밝혀 위없는 바른 깨달음을 얻어 제불 보살님의 수승한 대자비행 이어받아 가없는 중생 모두 제도하여지이다.

마하 반야바라밀 나무 석가모니불

佛陀對九法界眾生至善圓滿的教育

釋淨空

불교란,
구법계 중생에 대한
부처님의 지극히 선하고 원만한 교육이다.
-정공상인淨空上人

불타 교육 입문 — 지장경地藏經

정공상인 법문

1) 대원만大圓滿

부처님께서 일생동안 설하신 법에 대해 설명하겠습니다.
부처님께서 무슨 법을 설하셨을까요?
부처님께서는 우리에게 「우주와 인생의 참 모습」을 설명하셨습니다. 후에 그의 제자들이 그것을 기록하여 지금까지 전해오는데, 그것이 바로 경전입니다. 경전은 불교의 교과서입니다.
대승불교를 일깨워주는 경전은 지장경인데, 이는 초학 입문하는 1학년의 교과서로서 불법의 참된 이치가 《지장경》에 분명하게, 그리고 명백하게 설명되어 있습니다. 그러나 이 경은 언어로 쓰여진 것이 아니라 방광放光으로 그 이치를 표현하고 있습니다.

세존께서는 이 법회가 시작하자마자 곧 큰 광명을 발하였습니다. 무량한 광명을 발하고 있습니다. 경문은 대원만광명운大圓滿光明雲에 대한, 대자비광명운大慈悲光明雲에 대한, 대지혜광명운大智慧光明雲에 대한, 대반야광명운大般若光明雲에 대한, 대삼매광명운大三昧光明雲에 대한……, 나아가 대찬탄광명운大讚嘆光明雲에 대한 것을 기록하고 있습니다.

이 10구句는 법을 표현한 것으로 법이 오직 열 가지만 있다는 것이 아니라 무량무변無量無邊을 10이란 숫자로 표현한 것입니다. 왜냐하면 중국 사람들은 일반적으로 1에서 10에 이르는 숫자 가운데 10을 가장 원만한 숫자라고 여기기 때문입니다. 이것은 《무량수경》에서 말하는 '무량無量'의 의미와 완전히 동일합니다.

《무량수경》에서 말하는 '무량無量'은 곧 《지장경》에서 말하는 '원만'입니다. 원만을 열 가지로 나열해 설명하였다면, 그렇다면 무량은 어떠합니까? 무량에 대해선 단 하나 '수壽(목숨 수)'만을 말합니다.

여러분! 반드시 알아야 합니다. 이는 그저 한량없는 수명만을 말하는 것이 아닙니다. 모든 것이 한량없음을 말합니다. 모든 한량없는 것 가운데 수명이 가장 으뜸입니다.

여러분! 생각해 보십시오. 한량없는 전답과 한량없는 금·은 재물이 있다 하여도 만약 수명이 다한다면 어느 누가 그것을 향유할 수 있겠습니까? 그러므로 정토종淨土宗에서는 단 한 글자, 수壽로써 일체 무량을 나타내고, 《지장경》에서는 열 가지 광명으로 나타냅니다.

여러분! 하나가 곧 다수[一卽多]이고, 다수가 곧 하나[多卽一]이니, 다함없는 우주와 인생은 이로써 다 설명된 것입니다.
부처님께서는 도대체 무엇에 의거해서 우리에게 경을 강講하고 법法을 설하셨을까요? 도대체 무엇에 근거하여 우리에게 우주와 인생의 참 모습에 대해 설명하셨을까요?

세 가지 정업淨業
왕생극락 하는
윤회를 벗어나

저 극락세계에 태어나고자 하는 이는
마땅히 삼복三福을 닦아야 하느니라.
첫째는 부모님께 효도 봉양하고,
스승과 어른을 받들어 모시며,
자비로운 마음으로 살생을 하지 말고,
열 가지 선업을 닦아야 하며,
둘째는 삼보를 받아들이고 늘 기억하여,
온갖 계행을 구족하고 위의를 범하지 않아야 하며,
셋째는 보리심을 발하고서 인과(염불성불)를 깊이 믿고
대승경전을 독송하도록 수행자를 권진勸進하여야 하느니라.
이와 같은 세 가지 일을 정업淨業이라 이름하느니라.
- 관무량수경

그것은 바로 '대원만광명운大圓滿光明雲'입니다.

밀종密宗에서 말하는 '대원만'이 바로 현종顯宗에서 말하는 '진여자성眞如自性'입니다. 진여자성이 바로 대원만이고, 참 마음·제1의제第一義諦가 모두 대원만의 의미를 드러냅니다.

뒤이어 거론되는 아홉 가지도 '대원만'에 대한 설명입니다. '자비'를 설명하자면 자비는 원만한 것이고, '지혜'를 설명하자면 지혜는 원만한 것입니다. 갖가지가 다 원만하고, 두두물물頭頭物物이 모두 원만하여 어느 하나도 원만하지 않는 것이 없습니다.

이것을 일컬어 '대원만'이라 합니다. 따라서 대원만은 바로 우리의 진여본성眞如本性입니다.

부처님께서는 이러한 경지에서 우리들에게 한량없고 다함없는 경전을 설하시어 우주와 인생의 참 모습을 알려주신 것입니다. 그가 설하신 모든 것은 우리가 본래 갖추고 있었던 것이라 모두 우리 자신의 본유本有입니다.

그러므로 세존께서 49년 동안 설하신 것은 남이 아니라 바로 우리 자신에 대한 것들이고, 불교가 일반 교육과는 달리 우리와 절실히 연관되어져 있는 까닭입니다.

결론적으로 말해 석가모니불께서는 모든 중생을 위해 설하신 것은 한 마디로 대원만법大圓滿法입니다. 세간 사람들은 매일 힘들게 일을 합니다. 무엇을 위해서입니까?

어떤 힘이 그들로 하여금 새벽부터 저녁까지 힘들게 일하도록 부추깁니까? 여러분도 잘 압니다. 바로 명예와 이득 때문입니다. 그들에게 있어서 이득은 명예보다 더 중요합니다. 만약 전혀 이득도 없고 한 푼의 돈도 받지 못한다면, 과연 그들은 예전처럼 열심히 일을 하겠습니까? 그리되면 자연히 게을러지고 힘을 쓰지 못하여 결국 일을 할 수 없게 됩니다. 그렇기 때문에 사회를 작동시키는 동력의 근원은 바로 이득이고, 그 다음이 명예입니다.

불·보살은 명예에 애착하지 않고 이득도 원치 않습니다. 그들은 시방세계에서 중생을 가르치려고 무척 노력하고 고생합니다.

무슨 힘이 그들을 이끌어 나가는 것일까요?
그것은 바로 제2구인 '대자비광명운大慈悲光明雲'입니다.

여러분! 생각해 보십시오. 어머니가 자식을, 특히 갓난아이를 돌볼 때는 조금도 미흡함 없이 정성스럽게 돌봅니다. 무엇 때문일까요?
명예를 위해서? 아니면 이득을 위해서? 그들은 아무 것도 원하지 않습니다. 다만 그들의 행위 하나 하나는 마음 저 깊은 곳에서 우러나오는 사랑입니다. 이런 사랑을 우리는 '자비심'이라 합니다. 부처님은 모든 중생들에게 대자대비大慈大悲합니다.

이런 자비는 두루 평등하고, 조건이 없습니다. 또한 더할 나위 없이 강력한 힘으로 영원히 불보살로 하여금 시방세계에서 끊임없이 한량없는 중생을 교화하도록 이끕니다. 그렇기 때문에 '대원만광명운' 뒤에 '대자비광명운'을 설하신 것입니다.

불법을 배우는 우리는 모름지기 자기 수행도 해야 하고, 남도 수행하도록 이끌어야 합니다. 이것이 곧 법을 널리 펴서 중생을 이롭게 하는 길입니다. 불법을 주위에 소개하여 그들로 하여금 법을 보급케 하는 것은 무슨 힘이겠습니까? 그 역시도 자비의 힘이고, 진정한 불법입니다.

만약 명예를 위해 경을 강연하여 자신의 지명도知名度를 올리려 하거나 혹은 경 한 부에 얼마를 받아야 한다는 등, 자신의 이득을 위해 법을 편다면 그것은 대단히 잘못된 것입니다. 그런 행위는 불법의 근본정신에 위배되므로 불법이라 할 수 없습니다.

지장십륜경地藏十輪經에는 "일백 겁劫동안 관세음보살을 염불하는 것이 일식경一食頃 지장보살을 염불하는 것만 같지 못하다" 하였다.
석정토군의론釋淨土群疑論에는 "다겁多劫 중에 지장보살을 염불하는 것이 아미타불의 일성一聲을 염불하는 것만 같지 못하다" 하였다.
귀원직지歸元直指에는 "사천하四天下의 칠보로써 불, 보살, 연각, 성문 등에 공양함이 사람에게 염불 일성을 권하는 것만 못하다" 하였다.
-연종집요

불법에서의 자기 수행과 중생 교화에는 아무런 조건이 없습니다. 불법의 유통 또한 이와 같습니다. 요즘 인쇄되는 경전 뒷면에 종종 다음과 같은 글귀를 볼 수 있습니다.

'판권을 소유하고 있으니, 무단 번역 인쇄는 처벌 받습니다.'
이는 사고 파는 장사일 뿐 중생을 이롭게 하기 위해 유통하는 것이 아닙니다.

누가 제게 불교서적을 선물하면 저는 먼저 판권이 기재되어 있는 뒷면부터 봅니다. 만약 뒷면에 위와 같은 글귀가 있다면 더 이상 그 책을 넘겨보지 않습니다. 어떤 이가 왜 보지 않느냐고 묻기에 제가 이렇게 대답했습니다.

"참 선지식이라면 중생을 이롭게 하기 위해 판권 따위에 연연하지 않고 번역하여 인쇄하는 것을 권장했을 것입니다. 마음이 탁 트였고, 부처님께 보은하고자 하는 마음과 중생을 구제하고자 하는 원력이 절박하며, 심행心行이 서로 일치하는 그런 사람의 말과 글은 후학들에게 참고가 될 것입니다. 반대로 속이 좁고 명예와 이득에 대한 집착을 놓지 못한 사람이라면, 그런 사람이 어떻게 좋은 글을 쓸 수 있으며, 어떻게 대원만에 대해 말할 수 있겠습니까? 그렇기에 시간과 정력을 낭비할 필요가 없습니다."

자비는 이성의 기초 위에 세워져야지 감정에 치우쳐서는 안 됩니다. 감정에 치우친다면 그것은 미혹이고 잘못된 것입니다. 그래서 불문에서는 종종, "자비慈悲를 근본으로, 방편方便을 문으로 삼는다."고 말합니다. 이는 부처가 중생을 교화하는 양대 원칙입니다.

후에 불가에서 다시, "자비는 재화를 낳고, 방편은 비열함을 낸다." 하는데, 그 까닭이 무엇이겠습니까? 만약 이성을 잃고 감정에 치우친다면, 자비는 곧 재화가 되고 방편은 비열함이 됩니다.

그런 연유로 뒤이어 바로 '지혜대원만'을 설하신 것입니다. 원만한 지혜에서 원만한 자비가 흘러나옵니다. 이때의 지혜는 바로 방편입니다. 갖가지 다른 방법과 수단에 대자대비의 힘을 덧붙여 이끌 때 비로소 다함없는 중생을 도와 미혹을 깨트려 깨달음에 이르게 하고, 고통을 여의고 즐거움을 얻게 합니다.

제4구 '대반야광명운大般若光明雲'은 원만한 반야에 대한 설명입니다.

여러분! '반야'와 '지혜'의 차이는 어디에 있을까요?
《대반야경》에 분명하게 해설합니다. "반야는 '분별의' 앎이 없고, '분별의' 앎이 없는 것이 반야이며, 반야는 알 것도 없고, 알지 못할 것도 없다"고 하였습니다. '알 것이 없다' 함은 '반야'이고, 알지 못하는 것이 없는 것이 '지혜'입니다. 다시 말해 하나는 체體이고, 하나는 용용입니다.

만약 다른 각도에서 이 두 명사를 관찰한다면 우리는 보다 더 명확하게 그것들이 갖는 의미를 이해할 수 있습니다. 즉 우주 현상을 설명하는 지혜를 '지혜'라 하고, 번뇌를 끊고 무명을 깨뜨릴 수 있는 지혜는 '반야'라고 합니다. 반야와 지혜는 무명 번뇌를 끊을 수 있으므로 '근본지根本智'라 말하고, 우주 만유 현상을 능히 해석할 수 있으므로 '후득지后得智'라고 말합니다.

여러분! 알고 싶습니까? '후득지'는 '근본지'로부터 일어나는 것입니다. 만약 우리 자신이 우주 전체의 대원만에 대해 철저히 깨닫지 못했다면 어떻게 그것을 설명할 수 있겠습니까?

수행자들이 깨닫고자 하는 것도 '반야바라밀'입니다. 마치 중국 선종처럼 그들이 주장하는 것은 6바라밀 중 제5 바라밀인 선정바라밀이 아닙니다. 그들이 표방하는 것 역시 '반야바라밀'입니다.

육조 혜능대사를 보십시오! 그는 《육조단경》에서 사람들에게 항상 '마하반야바라밀다'를 염독念讀하라고 했습니다. 반야와 지혜, 하나는 지혜의 체를 말하는 것이고, 하나는 지혜의 작용을 말하는 것입니다. 하나는 '알 것이 없다'이고, 하나는 '알지 못할 것이 없다'입니다.

여러분! 반드시 알아야 합니다. 오직 알 것이 없는 지혜만이 번뇌를 끊을 수 있고, 무명을 깨트릴 수 있습니다. 무명과 번뇌가 다 하면 자성의 대원만을 깨닫게 되고, 자기 성품에 본래 갖추고 있는 능력이 회복됩니다.

그것이 일으키는 작용이 바로 알지 못할 것이 없음이요, 하지 못할 것이 없음입니다. 지혜와 반야의 광명운光明雲은 이와 같이 깊은 뜻을 내포하고 있습니다. 그러므로 이 두 가지 지혜 모두 불교 교육의 최종 목표인 '무상정등정각'이요, '구경원만한 지혜'인 것입니다.
이 같은 지혜는 어디서 오는 것일까요? 그것은 본능이요, 본유本有이며, 자기 성품에 본래 갖추고 있는 것입니다.

그런데 지금은 없습니다. 어디로 갔습니까? 부처님께서는 우리 스스로 그것을 잃어버렸다고 말씀하십니다. 그러나 참으로 잃어버린 것이 아니라 깨닫기만 하면 지혜는 다시 회복된다 하십니다.

그렇다면 어떻게 해야 미혹을 깨트려 우리 본성에 본래 갖추고 있는 원만한 지혜를 회복할까요?
부처님께서 우리에게 선정禪定이라는 좋은 방법을 가르쳐 주셨습니다. 선정은 《지장경》에서 '대삼매광명운大三昧光明雲'이라 칭하는데, '삼매三昧'는 범어를 음사한 것으로 '정수正受'라 번역합니다. 이것이 바로 선정의 뜻입니다.

불법에서는 수행修行을 강조합니다. 수修는 수정修正이고, 행行은 행위입니다. 다시 말해 우리의 잘못된 행위를 수정한다는 뜻입니다.
인간의 행위는 그 종류가 너무 많아 일일이 다 나열할 수 없습니다. 그렇기 때문에 불법에서는 인간의 한량없는 행위를 세 가지로 귀납하여 설명하고 있습니다.

그 첫째는 육신으로 짓는 신업행위身業行爲이고, 둘째는 말로 짓는 구업행위口業行爲이며, 셋째는 마음을 일으키고 생각을 움직여서 짓는 의업행위意業行爲입니다.

행위가 아무리 많다 해도 종국에는 이 세 가지 범위를 벗어나지 못하기 때문에 '3업행위業行爲'라 합니다. 잘못된 생각, 잘못된 견해, 잘못된 언사, 잘못된 행동, 이런 것들을 잘못된 행위라 합니다. 이와 같이 잘못된 행위 모두를 바르게 고치는 것이 수행입니다.

3업 행위의 수정修正은 마음이 위주가 됩니다. 선종에서 '수행은 근본부터 닦아야 한다'고 말하는데, 무엇이 근본이겠습니까? 마음이 근본이며, 마음이 일어나고 생각이 움직이는 것이 근본입니다.

부록 3: 불타 교육 입문 — 지장경地藏經

당신이 지장보살의 성호를 바꾸어 아미타불을 념하는 것은 승급昇級한 것을 표시합니다. 당신이 지장보살을 념하면 지장보살님은 당신을 보호하고 도와서 내생에 사람과 천인으로 태어나는 복보福報를 얻게 하지만, 극락정토에 나는 것을 구하지 않기에 육도를 계속 윤회하게 됩니다. 지장보살님은 개개인이 하루 빨리 윤회를 벗어나 극락에서 성불하는 것을 기뻐하십니다.
보살님들 뿐 아니라 모든 부처님들 역시 그러합니다.
-정공상인

마음이 바르면 우리의 언행도 바르고, 마음이 바르지 않으면 아무리 배워도 그 언행이 바르게 되지 않으므로 다른 사람이 쉽게 알아차립니다. 그렇기 때문에 수행은 마음에서부터 닦아야 합니다.

삼매는 마음을 가지런히 하는 것 즉 '심정心定'입니다. 불법에서는 행문行門이 무량무변하여 8만 4천 법문이 있다고 말합니다. 법은 방법이고, 문은 길입니다. 이 많은 방법과 길 모두 정정定을 닦는 것입니다.

사실 정을 닦지 않는 종파가 어디 있습니까? 단지 그것을 선정이라 부르지 않을 뿐입니다. 정토종의 '일심불란一心不亂'이 선정이고, 교학에서 닦는 '지관止觀', 그 지관이 바로 선이며, 밀종에서 말하는 '삼밀상응三密相應', 그 상응이 바로 선입니다. 불교의 각 종파와 법문에서 사용하는 명칭은 달라도 사실상 같은 것을 말하고 있음을 이로써 알 수 있습니다.

그런 까닭에 불법에서는 '법문은 평등하다[法門平等], 길은 달라도 목표는 같다[殊途同歸], 높고 낮음이 모두 없다[幷無高下]'를 말합니다. 어떠한 방법이라도 내게 익숙하고 자유롭고 순조롭다면 그 방법을 사용하십시오.

불법을 수학함에 있어서 가장 중요한 것은 '한 가지 법문에 깊이 들어가는 것'(一門深入)입니다. 이것저것 많은 법문에 손을 대서는 안 됩니다. 법문이 많을수록 미혹이 커지어 오히려 깨달음을 성취하기 어려워집니다. 이는 참으로 중요한 인식입니다.

'삼매'는 불교 수학의 요점입니다. 계戒·정定·혜慧, 3학學 중 정定은 계로 인해서 얻고, 혜는 정으로 인해 열립니다. 그러므로 반야지혜는 선정에서 나오고, 선정은 곧 자성본정自性本定이어서 '대삼매광명운大三昧光明雲'이라 부릅니다.

열 가지 광명운光明雲 가운데 앞의 반은 원리이고, 뒤의 반은 원칙입니다. 원리는 부처님 설법의 근거가 되는 것으로 앞에서 이미 설명을 다 했습니다. 이어 원칙에 대해 설명하겠습니다.
원칙이 되는 첫 번째 광명운은 '대길상광명운大吉祥光明雲'입니다. 길상吉祥이란 무엇입니까? 마땅히 내가 얻어야 할 것을 얻는 것이 길상입니다. 내가 얻어서 안 되는 것을 얻는다면 그것은 길하지 않는 것입니다. 이것이 길상에 대한 일반적인 정의입니다.
그러나 여기서는 그 함축된 의미가 깊고 넓습니다. 허공이 다하고, 온 법계에 두루 편재한, 그것이 이론이든 현상이든 모두 우리가 마땅히 알아야 하는 것입니다. 그리고 일체의 모든 현상과 사물의 수용 또한 우리가 얻어야 하는 것입니다. 이것을 일컬어 '대길상大吉祥'이라 합니다.

예를 들어 일심으로 염불하여 서방 극락정토에 나기를 염원한다면, 서방 극락세계의 의보依報·정보正報 장엄은 마땅히 여러분이 누려야 합니다. 만약 여러분이 화장세계華藏世界에 난다면 비로자나불의 의보·정보 장엄 또한 여러분 몫입니다. 이것이 바로 길상의 본뜻입니다. 이 경지에 이르면 부처님께서 대기對機설법을 하시는데, 이것이야말로 가장 길상한 것입니다.

부처님의 설법은 첫째로 절대 진리에 어긋나지 않는다는 것이고, 둘째로 중생의 수준에 맞춘다는 것입니다. 만약 수준에 맞지 않게 정도가 얕은 것을 너무 깊게 설명하여 알아듣지 못한다면, 헛수고한 것이 되므로 길상이라 할 수 없습니다. 만약 정도가 깊은 것을 너무 가볍게 설명하여 듣는 이로 하여금 흥미를 잃게 한다면, 이 또한 길상이라 하지 못합니다.
그러므로 '기연에 계합하고, 진리에 계합하는' 설법만이 가장 길상하다 합니다. 부처님의 설법이 헛되지 않고 우리 또한 헛듣지 않아서 진실로 참된 이익을 얻는다면, 그야말로 가장 길상한 것이고, 대길상이며 그리고 원만한 길상인 것입니다.

다음으로 언급할 것은 '복덕福德'입니다. 대길상은 기연과 진리에 계합해야 하고, 중생의 근기에 맞아야 합니다. 현존하는 우리 대중들이 항상 잊지 않고, 마음으로 늘 추구하는 것은 아마도 재복과 지혜와 건강과 장수일 것입니다. 이러한 것들은 눈앞에서 당장 얻고자 하는 것들입니다. 이것을 복덕이라 합니다.

만약 부처님께서 이러한 것들은 주지 않고 그저 불법만 배우라 한다면 아마도 우리는 뒤도 돌아보지 않고 가버릴 겁니다. 어째서인가?
지금 당장 갖고자 하는 것도 얻지 못하는데 내생에 큰 복덕을 얻는다 하면 너무 막연하지 않겠습니까! 또 언제 그것을 누려볼 수 있겠습니까? 그러므로 눈앞의 복록을 얻을 수 있어야 훗날의 복덕을 믿습니다. 마치 꽃이 피어야 열매가 맺히듯이 현재 꽃이 피어야 멀지 않은 장래에 열매가 맺힐 것을 믿습니다. 만약 꽃도 피우지 않았는데 장래에 맺힐 열매에 대해 말한다면 누가 그것을 믿겠습니까? 믿지 않는 것이 당연합니다. 그러므로 길상 뒤에 반드시 대복덕이 따릅니다.

그렇다면 어떻게 해야 대복덕을 얻습니까?
'복덕'은 과果이므로 그 전에 반드시 인因을 닦아야 합니다. 이른바 어떤 인을 닦느냐에 따라 어떤 과를 받는다 하는 것이 그것입니다.
불교에서는 '공덕'을 말합니다. 공덕은 복덕과 다릅니다. 공덕이야말로 참된 것입니다.

여러분, 보십시오! 모든 부처님들은 불과를 이룬 뒤에도 백 겁의 시간을 들여 복을 닦습니다. 왜일까요? 복의 과보[福報] 없이는 중생을 제도할 수 없기 때문입니다.

가령 어떤 사람이 설법을 할 때, 듣는 이들 눈에 그가 복이 전혀 없어 보인다면 아무도 그를 믿지 않을 것입니다. 반대로 그에게 큰 복덕이 있고 그것이 수행에서 얻은 것이라 말한다면, 사람들은 부러워하며 그를 따라 수행할 것입니다.

그러므로 지혜와 복덕을 겸비하여야 비로소 중생을 제도할 수 있습니다. 이른바 '정定은 계戒로 인해 얻고, 혜慧는 정으로 인하여 열린다.'고 말하는 계·정·혜 3학은 모두 공덕에 속합니다. 이것이 바로 불법이 진실로 우리에게 가르치고자 하는 ― 수복修福·수혜修慧 ― 복혜쌍수福慧雙修인 것입니다.

수행에는 반드시 방법이 있어야 합니다. 방법에 있어서 가장 중요한 것은 준칙이 있어야 한다는 것입니다. 즉 우리가 의지하고 따르는 그런 준칙이 있어야 합니다. 이런 준칙을 '대귀의大歸依'라 합니다. 대귀의는 우리가 일반적으로 말하는 불·법·승 3보에 대한 귀의가 아닙니다. 대귀의는 원만한 자성에 대한 귀의로써 원만한 자성 3보에 귀의함을 뜻합니다.

마지막은 '찬탄'입니다. 찬탄은 사실상 중생교화입니다. 자성이 원만한 공덕을 찬탄하는 것이고, 자성이 무량한 공덕을 찬탄하는 것입니다. 불법이 우리에게 가르치고자 하는 것이 무엇입니까? 바로 원만한 자성을 증득하라.
가르치는 것이 아니겠습니까!

선종에서는 종종 「부모 미생전未生前의 본래면목」을 말합니다. 부모 미생전의 본래면목이 바로 대원만 자성입니다. 불법에서 가르치는 것, 불법에서 배우는 것 모두 이것을 목표로 하고, 이

것을 방향으로 합니다.

이상으로 설명한 모든 것은 《지장보살본원경》에 의거한 것입니다. 경문은 광명을 발하는 것에서 시작되는데, 광명 속에 한량없고 끝이 없는 의취意趣가 내포되어 있습니다. 여기서 대략 열 가지(열은 원만을 뜻합니다)로 나열해 설명했습니다. 이 단락의 경문은 대체로 두루뭉실 어렴풋이 읽고 넘어가기 쉬워서 그 안에 숨겨진 의미를 제대로 파악하지 못하는 경우가 많습니다.

비단 《지장경》뿐만 아니라 부처님께서 설하신 모든 경론 가운데 그 어떤 것이라도 다 '대원만'에서 흘러나와 설해진 것이 아닌 게 없습니다. 그렇기 때문에 앞의 5구는 대원만의 자성이고, 뒤의 5구는 자성이 일으킨 작용 즉, 대만원의 작용인 것입니다. 이것이 불타 가르침이 의거하는 준거입니다. 이 같은 경문은 대승경전에서 부처님께서 자주 말씀하시는 것들입니다. 때로는 말로써 설하시고, 때로는 방광으로 표현합니다. 이러한 것들을 우리는 알아야 합니다. 알고서 경을 읽는다면 그 흥취는 배가 될 것입니다.

2) 대승원만법大乘圓滿法
지장地藏/ 관음觀音/ 문수文殊/ 보현普賢

대승불교의 수학修學의 차례는 4대보살로 표현됩니다.

첫째는 구화산九華山의 '지장보살地藏菩薩'이고,
둘째는 보타산普陀山의 '관음보살觀音菩薩'이고,
셋째는 오대산五台山의 '문수보살文殊菩薩'이며,
넷째는 아미산峨嵋山의 '보현보살普賢菩薩'입니다.

이 4대보살로써 전체 불법을 대표합니다. '지地'는 대지입니다. 대지는 오곡을 내어 우리를 살찌우니 대지를 떠나서 우리는 생존할 수 없습니다. 지하 자원과 보물은 우리 생활을 윤택케 합니다. 그래서 부처님께서는 '대지'로써 우리의 마음자리를 비유하셨습니다.

우리의 마음자리는 진실로 대원만하여 본래부터 한량없는 자비와 한량없는 지혜와 한량없는 반야와 나아가 한량없는 길상과 한량없는 복덕을 갖추고 있습니다. 그래서 부처님께서 설하신 모든 경론이 다 한량없습니다. 모든 경론뿐만 아니라 심지어 매 경론의 글자 글자마다 무량하지 않는 것이 없습니다.

여러분! 여러분은 언제쯤에야 그 흥취가 무궁무진하다는 것을 알아차릴 수 있겠습니까? 《지장경》이 우리에게 시사하는 것은 바로 불법에 입문하여 가장 먼저 수학해야 할 '효친孝親'과 '존사尊師'입니다.

불타의 교육은 사도師道에 있고, 사도는 효도孝道를 기초하여 세워집니다. 부모에게 효도하지 못하는 이가 어떻게 스승을 존경할 수 있겠습니까? 스승을 존중치 않고 스승의 말을 들으려 하지 않는다면 그 스승에게 학문과 능력이 있다 한들 그에게 전수할 방법이 없을 것입니다. 그러므로 스승을 존경하고 도를 중히 여길 때, 학업의 성취를 이룰 수 있습니다.

《지장보살본원경》은 불가佛家의 효경孝經입니다. '효도'는 '대원만'의 뿌리이자 근본이어서 모든 대원만이 이로부터 시작됩니다.

이어 '대원만'의 전개와 상승에 대해 언급하겠습니다.
우리가 부모님께 효도하고 스승을 존경하므로 이 효도와 존경을 확장 발전시키어 모든 중생을 효경하되, 분별심을 내지 않고 집착을 하지 않으며 모든 것이 평등하게 허공계의 모든 중생을 효경孝敬한다면, 이것이 바로 '관음觀音'의 법문입니다. 그러므로 관음은 지장의 확대이며 전개입니다. 만약 지장이 없다면 관음이 어디에 있겠습니까! 마치 이층집을 짓는 것처럼 일층이 없는데 어떻게 이층이 있을 수 있습니까? 관음이 지장의 확대와 전개이기 때문에 우리는 관음을 대자대비라 합니다.

'효와 자비'를 행함에 감정에 치우쳐서는 안됩니다. 반드시 이성의 기반에 의지해야 비로소 진실한 수용을 얻을 수 있고, 직접적인 이로움도 얻을 수 있습니다. 그래서 세 번째 보살인 '문수보살'은 '지혜'를 대표하고, '보현보살'은 실천행을 대표합니다.

우리는 효와 경 그리고 자비와 지혜를 일상생활 속에서 실천하여 아침부터 저녁까지 사람에 대해, 사실에 대해, 사물에 대해 마음이 이끄는 그대로 하되, 전혀 이 원칙에 어긋나지 않는다면 우리가 바로 보현보살입니다. 누가 보현입니까? 우리 개개인이 다 보현입니다. 보현법문은 원만한 법문이기 때문입니다.

그런 까닭에 《화엄경》에 이르기를, "보현행을 닦지 않으면 불도를 원만히 이루지 못한다."고 한 것입니다. 어째서인가?
보현은 마음 마음이 대원만이고, 서원 서원이 대원만이며, 행동 행동이 다 대원만이기 때문입니다. 그러나 만약 이 가운데 진실된 지혜가 없다면 보현보살의 대원은 원만해지지 않습니다.

4대보살은 이와 같은 의미를 표현하고, 대승의 원만한 불법을 대표합니다. 그러므로 지장에게서 효경을 배우고, 나아가 관음에게서 자비를, 문수에게서 지혜를, 보현에게서 대원대행을 배워야 합니다.

나무아미타불 나무아미타불 나무아미타불

염불念佛의 십대十大 이익利益

南無阿彌陀佛

日夜諸天護 菩薩常相隨
彌陀佛光攝 鬼獸毒藥離
災難悉不受 宿寃罪滅息
夜夢吉祥佛 心顔氣力吉
世人敬如佛 正念往生西

주야로 모든 천인들이 보호하고
보살들이 항상 따라다니며,
아미타불께서 광명으로 섭취하니
귀신과 맹수와 독약이 피하며,
재난을 모두 받지 아니하고
숙세의 원한과 죄업들이 소멸되어,
밤에 길상불을 꿈꾸고
마음과 안색과 기력이 길함이라.
세상사람들이 부처님같이 존경하고
정념으로 서방극락에 왕생하네

-지운慈雲대사, 안사전서安士全書

출판 자금을 내거나
독송 · 수지하는 사람과
여러 사람 여러 장소에
유통시키는 사람들을 위해
두루 회향하는 게송

경을 인쇄한 공덕과 수승한 행과

가없는 수승한 복을 모두 회향하옵나니,

원하옵건대 전생 현생의 업이 다 소멸되고,

업과 미혹이 사라지고 선근이 증장되며,

현생의 권속이 안락하고, 선망 조상들이 극락왕생하며,

시방찰토 미진수 법계, 공존공영하고 화해원만하며,

비바람이 항상 순조롭게 불고 세계가 모두 화평하며,

일체 재난이 없어지고 사람들이 건강 평안하며,

일체 법계 중생들이 함께 정토에 왕생하게 하소서.

是剝芭蕉所見的心
這是最祕的核心
這句佛號即是眞般若
南無阿彌陀佛

"나무아미타불南無阿彌陀佛"
이 한마디 부처님 명호는
바로 참다운 반야般若이다.
이는 가장 깊은 비밀의 핵심이고,
파초 잎을 벗겨서 보이는 마음이다
-하련거·황념조 거사《심경필기》

일심으로 아미타불을 염하면 당신은
틀림없이 보살이지, 절대 범부가 아니다.
이렇게 한번 바꿀 때 왕생극락을 구하면
조금도 장애가 없을 것이다. 이는 모두
진실한 말로서 실상반야가 현전한다고 말한다.
-정공 상인,《금강경강의절요金剛經講義節要 강의》

만화 지장경
(김교각 스님과 염불성불)

1판 1쇄 펴낸 날 2021년 7월 22일

감수 정일 큰스님
만화감독 유평근 **그림** 김문식 최영득 **채색** 이미연
엮음 무량수여래회
발행인 김재경 **편집·디자인** 김성우 **마케팅** 권태형 **제작** 재능인쇄
펴낸곳 도서출판 비움과소통
　　　　경기 평택시 목천로 65-15 송탄역서희스타힐스 102동 601호
　　　　전화 031-667-8739 팩스 0505-115-2068
　　　　이메일 buddhapia5@daum.net

© 정일 큰스님, 2021
ISBN 979-11-6016-078-9 07220

* 경전을 수지독경하거나 사경하거나 해설하거나 유포하는 법보시는
  한 사람의 붓다를 낳는 가장 위대한 공덕이 되는 불사입니다
* 전법을 위한 법보시용 불서는 저렴하게 보급 또는 제작해 드립니다.
  다량 주문시에는 표지·본문 등에 원하시는 문구(文句)를 넣어드립니다.